U0515611

河洛文学与文献文库

　　河南省高等学校人文社会科学重点研究基地"河南文化传播与社会发展研究中心"资助成果

都挖了点啥

商春芳　　王建国　　王鹏杰 著

文物出版社

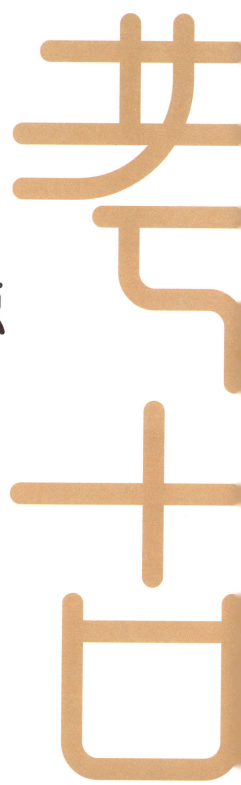

图书在版编目（CIP）数据

考古都挖了点啥 . 一 / 商春芳 , 王建国 , 王鹏杰著
. — 北京：文物出版社，2024.3

ISBN 978-7-5010-8259-9

I.①考 ... Ⅱ.①商 ... ②王 ... ③王 ... Ⅲ.①考古学
—研究—中国 Ⅳ.① K870.4

中国国家版本馆 CIP 数据核字（2023）第 219931 号

考古都挖了点啥（一）

著　　者：商春芳　王建国　王鹏杰

装帧设计：零零后文化传媒
责任编辑：刘永海
责任印制：张道奇

出版发行：文物出版社
地　　址：北京市东城区东直门内北小街 2 号楼
邮　　编：100007
网　　址：http://www.wenwu.com
经　　销：新华书店
印　　刷：洛阳创彩印刷有限公司
开　　本：889mm×1194mm　1/32
印　　张：6.75
版　　次：2024 年 3 月第 1 版
印　　次：2024 年 3 月第 1 次印刷
书　　号：ISBN 978-7-5010-8259-9
定　　价：78.00 元

链接考古与生活

 历史跟现实有着测量不清的距离。考古在历史学的故事中，离我们生活应该是最遥远的。虽然，考古我们也不陌生，日常路过的工地，除了建筑就该是考古。很多地方都是先有考古后有建筑的。时常听说又挖出了一些坛坛罐罐，电视上的专家说如何如何重要。但眼下最重要的是炒个鸡蛋，倒杯酒，盛碗饭……明天还得上班呢。哲学上有人主张，人生本无意义。但历史学主张，人生处处皆意义。关键是你是否想知道，是否要提问。只要一追问，人生的意义立刻升华。比如，人们是什么时候开始吃鸡蛋的？这，得问考古学家，因为他们挖出了西周鸡蛋。人们是什么时候用上了瓷碗？这还要问考古学家，他们在文献的记载之前找到了各个时期的瓷器。睡觉很重要，用药枕对于睡眠特有帮助，那么什么时候开始有药枕的？至于米饭的历史，漫长得吓人，一万年如何？考古学家掌握了新的技术，能够提取植物细胞，证实了稻米是中国南方人的发明，而小米是中国北方人的发明。还有酒，咱日常喝的白酒跟商纣王酒池肉林的酒不是一回事，白酒称作烧酒，那要到元朝，中国人才能享受这样的口福。春秋战国时期，中国就有了的起重设备，类似冰箱的工具起源很早，冷气也不是新鲜事，唐朝还有自己的冰激凌……所有的这一切，都是考古给出的答案。

主创商春芳老师是一位严肃的考古学者，不苟言笑，举止娴雅。我阅读她的著作，都是高头讲章类的，如《隋唐洛阳城天堂遗址发掘报告》《隋唐含嘉仓城发掘报告》，没点意志力真难以看到最后。谁能想到，她竟然写出这样一本书——《考古都挖了点儿啥》。一口气看到最后，实在是太有意思了。我们今天的日常生活，跟考古竟有如此紧密地联系！一个考古现场，一件不起眼的文物，原来是我们生活细节的涓涓源头。我们正走在千年古道上，我们延续着祖先的生活，我们继续着先哲的思考……考古挖出的点点滴滴，雄辩地论证着我们的传统，丰富着我们的生活。

感谢商春芳等写就这本灵动的考古书，让高深的考古学与我们的生活实现了有效链接。

孟宪实

2023 年 10 月 13 日北京老营房路

序

　　现代考古学是以田野发掘和器物类型学为主要手段进行历史研究的学科,需要由经过系统学习的专业人员进行深入细致的工作。长期以来,考古在很多人的眼中,是带有神秘色彩的挖宝行为。

　　在考古人眼中,一件文物从制造、使用到流传、埋葬,它的背后也许是一段故事,也许是被淹没的生活片断;一个遗址,也许是一群人曾经的生活场景,也许是一个历史拐点的宏大场面。这里面,有古人的休闲娱乐、衣食住行,有古人的智慧和创造,有文化的传播、碰撞、交流和延续。

　　这是一本以考古出土的文物为讲述对象的通俗读物。它选取了国内各个时期的考古发现和文物并对它们进行解读,内容涵盖了古人衣食住行等生活的方方面面。

如何让大家更多地了解考古工作都干了些什么？挖了些什么？如何将挖出来的古代遗物介绍给大众？而它们都解决了哪些历史问题？在当今国内大力提倡传统文化和大众日益高涨的热情之下，这是考古工作者迫切需要思考的问题。

本书的主创是一名在洛阳考古研究院工作多年的考古工作者，参加过许多考古项目的发掘工作，对考古工作有深深地热爱和深厚的感情，具有考古工作者的责任感和使命感，她关注到了目前考古发现的最新成果，并试图通过通俗易懂的语言，为大众讲述考古遗迹和文物的来龙去脉，通过它们，为读者打开一扇窗户，探究源头、寻觅踪影；通过它们，引领读者穿越时空，梦回质朴无华又多姿多彩的历史时期。这是一次有益的尝试，也是当下将考古向大众普及的良好途径。

目录

火种器——古人是如何保存火种的

　　火种器是储存火源的器具。要说火种器,先得说说火的来源。

　　火对人类进化的作用想必大家也都知道个八九不离十。学会用火,是人类早期最伟大的成就之一。火的使用是人类最终脱离猿的一个重要标志。学会用火,使人类能够移民到气候较冷的地区定居。火促进了农业的发展,增加了产量。陶器的发明,铜的使用,铁的使用都离不开火。

　　火是怎么来的呢? 在远古蛮荒时期,有一个年轻人,受到鸮鸟啄木的启发,用不同的树枝进行摩擦,发明了钻木取火的办法,从此人们再也不用生活在寒冷和恐惧中了。人们被这个年轻人的勇气和智慧折服,推举他做首领,并称他为"燧人",也就是取火者的意思。这就是燧人氏钻

钻木取火器
西藏和静察吾呼墓地出土

图片出处：《青藏高原丝绸之路的考古学研究》，第 497 页

钻木取火器
西藏曲踏墓地出土

图片出处：《青藏高原丝绸之路的考古学研究》，第 497 页

钻木取火器
新疆山普拉墓地出土

图片出处：《青藏高原丝绸之路的考古学研究》，第 497 页

木取火的故事，所谓刀耕火种说的就是那个时代人类的现实情景。

这个钻木取火的工具倒底是什么样的呢？咱们考古发现可以给您提供答案。

1972~1976年，甘肃省居延考古队在内蒙古自治区额济纳旗和甘肃省金塔县境内进行考察时，发现了一个汉朝的烽燧、塞墙遗址，这是张掖郡所辖边塞上的边防设施，建于汉武帝太初三年（前102年），废弃于东汉末年，全长200余公里。他们在这里发现了点燃烽火用的草苣和取火工具——木燧。木燧是由一根木杆和一块有孔的木板组成。这是迄今为止，在我国也是在世界上发现的最早的钻木取火工具。现在这件钻木取火工具收藏在甘肃省博物馆。后来陆续在新疆山普拉墓地和西藏和静察吾呼墓地也发现过类似的钻木取火工具。

那么，人类取得火种以后，要怎么保存呢？学者们根据民族学的资料分析得出的结论是：距今70~20万年的北京人，保存火种一般采用篝火法，也就是说在需要使用火的时候要不断往火堆中投放木头，保证它不熄灭；不用时就用草木灰虚盖住，外表没有明火，但内部还在燃烧；需要时再次扒开灰土，添草木引燃。20世纪50年代，四川一带的羌人还在用这种方法保存火种。

北京人那时候人少啊，这样集中用火还不成问题，至少大家可以一起用火照明、取暖、熟食、驱赶野兽及改善生活、居住条件的，这在当时已经是人类向前跨的一大步了。

北京周口店遗址全景

图片出处:《中国百年百大考古发现》,第 1 页

甘肃秦安大地湾遗址全景

图片出处:《中国百年百大考古发现》,第 139 页

考古都挖了点啥

后来随着人类走出山洞，开始半地穴生活以后，一个个的独立家庭开始出现，移动火源便成了必需品。这个时候，又是如何保存和使用火种的呢？

这个问题，让咱们的考古发现来回答您那是再合适不过的。从考古发掘的遗迹看，至少在距今20000~15000年，在河北、贵州和广东等的旧石器时代晚期遗址中，已经发现了多处人类用火的痕迹和火塘。

再往后，到了距今七八千年前的时候，已经有了专门保存火种的方法和工具。

在渭河流域的甘肃秦安大地湾和天水师赵村这两处遗址中，火种是保存在灶坑内的。具体方法是，在灶坑对面的后侧底部掏一个斜向下方的洞，再将灶坑内的余火转移到洞内直接保存，或者是在洞内放置一个罐，在罐口加上柴火并适度密封，使余火在低氧状态下缓慢燃烧；次日须用火时扒开灶坑，并借助吹火筒之类的工具吹火，灶坑中的薪柴便继续燃烧。考古学家把这种方式称作"灶坑法"。

另外一种方法是利用火种罐保存火种。这种火种罐对今天的人来说，已经不明所以了，就连考古人员在发现它们的时候也不知道是个啥东西。1958年，中国科学院考古研究所山西工作队在山西芮城东庄村遗址发掘时，发现了一件特别的"罐"，当时发掘者称之为"镂孔柱状器"。1996年，为配合小浪底水利枢纽工程建设，洛阳市文物工作者在孟津县寨根新石器时代遗址进行考古发掘时，也发现了这种"罐"。它们的材质是夹砂陶，类似今天的粗陶，含

黄门岩 1 号洞火塘遗址
广东英德青塘遗址

图片出处：《新世纪中国考古新发现》，第 23 页

用火痕迹
贵州贵安新区牛坡洞遗址第一期

图片出处：《新世纪中国考古新发现》，第 16 页

用火痕迹
河北阳原二道梁遗址

图片出处：《中国百年百大考古发现》，第 8 页

群马鞍山遗址火塘
河北阳原虎头梁遗址

图片出处：《中国百年百大考古发现》，第 8 页

砂成分比较多，属于人类早期陶器烧制的产物。它烧成后呈褐色，胎壁厚重，器物表面装饰有绳纹。这种器物口小，斜肩，束腰，口径 4.5、高 11.8、底径 9 厘米，底不平，腹中部偏上处有 2 个对称圆孔，底部中心有 1 个圆孔，3 个圆孔的孔径均为 2 厘米，外表装饰竖绳纹。当时在很长一段时间内都不能给它准确定名。

这种"罐"发现最多的地点是在内蒙古中南部，仅凉城王墓山下遗址就出土了 19 件，其中 18 件出自房屋基址里，仅 1 件出自灰坑，一般是一房一件，多出在灶址的旁边。于是人们断定，它一定是与用火相关的。考古学家们研究后发现，王墓山下遗址所出的这类器物的下半部与寨根所出的形制相似，出土的位置也相同，都是在灶坑旁边。

烧石与烧骨
北京周口店遗址出土

图片出处：《中国百年百大考古发现》，第 5 页

火种器——古人是如何保存火种的

孟津寨根遗址

图片出处：洛阳市考古院提供

陶火种器
孟津寨根遗址出土

斜口器，俗称"火簸箕"
辽宁新乐遗址出土

专家认定这种陶罐与取火有关，依据主要有两点：首先，从陶质、陶胎及形制特征看，该器物应当是一件与用火相关的耐高温陶器。其次，该器物口部较小，便于放置火种后聚火、排烟。而且，其腹部有对称双孔，便于器内充入适量氧气，具备贮存火种的功能。那么它是怎么使用的呢？人们推测是这样的：先把燃烧的火炭投置于器内并在上面覆盖黑炭，适度封闭口部，然后把它放在空气流通的地方。器腹部的孔可以保证能进少量空气，这样就能使罐内的木炭缓慢而持续地燃烧，等到需要用火时，再把口部打开并借助吹火工具送入空气，火便燃烧起来了。使用后的炭灰还可以落入底部。如此循环往复，便可以达到长期贮存火种的功能。于是，有专家把它们命名为"火种罐"，倒也合

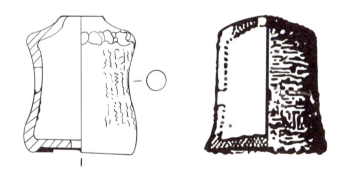

孟津出土火种罐

适。使用这种火种罐保存火种的方法，与前面说的"灶坑法"显然是又进了一步，也有人称它是"火炉法"。

这么一说，我忽然觉得还真有点类似小时候家里烧的煤球炉！记得小时候一到晚上，最重要的事情就是要封好煤球炉，第二天早上一打开炉子就能做饭。这种火种罐不就是我们用的火炉的前身吗？原来，我们只不过是改变了一些材质，其原理是几千年前的老祖宗们流传下来的啊！

不得不惊叹，这"火炉法"保存火种是在"灶坑法"保存火种基础上的进步，是人类用火史上的一次革命。比较之前的"灶坑法"，它更有利于减少火灾，安全系数大，而且还有助于火种的携带、移动。从这个意义上讲，"火炉法"可以称得上是中华文明最伟大的发明之一。从出土器物的时代上看，这次革命发生的时间是仰韶时代中期，距今约6000年。

1977年，在沈阳北郊新乐新石器时代遗址出土了一种保存火种的器物，使用上与火种罐稍有区别。这种器物也是在灶坑旁发现的，一面开口很大，像一个簸箕形的筒，器物中有草木燃烧后产生的黑色灰烬，显然也是用火的，但它的密封性并不好，怎么保存火种呢？有专家推测它就是俗语中的"火簸箕"。在聚落生活的时代，每个聚落都会准备几个公用的火种堆，并派专人看守，大家需要火时，可以自己过去取。为了方便从火种堆里取火并拿回家中，就把罐口敞得很大。这样看来，"火簸箕"是集体取火用品，而火种罐是私人家里用品，两者在用途上还是有一些区别的。用"火簸箕"取火在许多少数民族地区能够得到验证。他们的家族中有公共火塘，里面的火长年不灭，明火熄了还要盖上草木灰。儿孙长大另立门户，要将火塘里的火分成几等份，每人带走一份。现在农村，如果子女结婚成家，另立门户了，也叫"分火"，这种说法很形象也最切中实际。我们小时候家里火灭了，也常常端上簸箕去邻居家里取火，看来，"火簸箕"在群居时期也是必备工具。

上了年纪的人可能会知道，曾经有一种叫"火折子"的东西，它实际上就是一种易于携带的简便取火用具。它是事先把草纸和红薯蔓、棉花、芦苇缨子等一起浸泡水中，泡完了捶扁，然后加入硝、硫黄、松香、樟脑等易燃物品和多种香料，最后晒干，折成长扁筒或拧成绳，然后点燃，放到一个圆筒形的器物中并盖上盖子。需要用火时，把盖子拔掉，取出来一晃就着了，这种便携式火种罐在那个年代是很实用的物件。后

现代的火折子

图片出处：商春芳拍摄

河南省第十四届运动会火炬

图片出处：商春芳拍摄

来有了火柴、打火机，类似"火折子"这样的东西便再也见不到了。如今，在喜欢玩香的人中间，又兴起了一种电子的"火折子"，使用的时候只要用嘴一吹，将香放到上面就能点燃。没电了怎么办？它自带有 usb 充电口，充电就完了！

从火堆到灶坑，再到火种罐，人类经历了几次火种保存的重大变革，我们惊叹古人的聪明才智，惊叹这些发明的伟大作用！中华民族就是以这样的精神和毅力生生不息、薪火相传。今天，奥运会上的火炬接力和保证火种燃烧而设置的火炬台，是现代人对火的认识的不断进步，也是人类永远向往光明的象征。

河南省第十四届运动会开幕式火炬接力

图片出处：商春芳拍摄

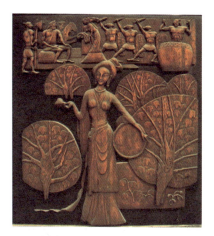

嫘祖养蚕

丝绸遗址——我国丝绸起源在哪里

　　丝绸与中国的四大发明一样，对世界产生过重大的影响。它与个人生活密切相关，所以比其他发明传播得更远。它开启了世界历史上第一次大规模的东西方商贸交流，丝绸之路因它而命名。耶鲁大学历史学教授瓦莱丽·汉森2012 年在他的《丝绸之路新史》中明确指出："中国人确实是世界上第一个制造出丝绸的民族。"

　　在我国古代史籍中，关于丝绸的神话传说，最广为流传的是黄帝轩辕氏的元妃嫘祖，在中原地区教民育蚕，治丝制衣，从那以后，人们不再穿短小的兽皮衣，而是穿着丝麻布制成的又宽又大的衣服，这种衣服既保暖又舒适，人也因此变得文明了，社会从此进入文明阶段。后世把嫘祖尊为先蚕娘娘。

黄帝时代距今约 4000 年, 说那个时候就有了丝绸是真的吗？中国的丝绸又在哪里呢？考古发现证实, 丝绸的起源比传说中的黄帝时代还要早得多, 而且目前发现最早

河南舞阳贾湖遗址全景

图片出处:《舞阳贾湖》

河南舞阳贾湖的墓葬

图片出处：《舞阳贾湖》

复原河南舞阳贾湖人头像

图片出处：《舞阳贾湖》

的丝绸在中原地区而不是现在的江浙一带，您是不是会觉得不可思议呢？

2013年，考古人员在距今约8000年的河南舞阳贾湖遗址中找到了中国最早的丝绸的存在证据。众所周知，丝绸是有机物，不容易保存，那么考古专家又是如何找到这些证据的呢？

原来，考古人员在对贾湖遗址中的墓葬进行挖掘时，收集了墓主人遗骸的腹部土壤样品。经过科学方法，确认在其中检测到了蚕丝蛋白的残留物。这意味着，8000多年前新石器时代早期的贾湖人穿的衣服是用蚕丝加工制成的。2016年底，中国科学技术大学研究团队在国际刊物上发表了《8500年前丝织品的分子生物学证据》一文，正式公布了这一令人震惊的研究成果。

那么，这些蚕丝是单独存在，还是做成了丝绸衣服？学

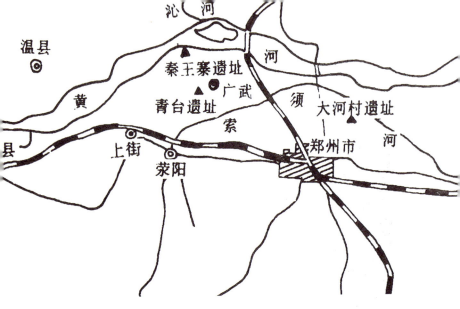

者认为,贾湖遗址中出土了编织工具和骨针,这些都是制衣工具,这说明贾湖先民已经掌握了基本的编织和缝纫技艺,他们已经能够有意识地使用蚕丝纤维制作丝绸衣物了。

　　遗憾的是,虽然考古证实了新石器时代早期就可能存在丝绸制品,但毕竟还是没有见到实物。

　　20 世纪 80 年代,考古工作者在黄河流域的河南荥阳青台遗址中又发现了丝织物残块。

　　青台遗址位于郑州荥阳市广武乡青台村东的一片高地上,面积有十几万平方米,是仰韶文化中期一直延续到晚期的遗存,时代距今约 5500~5300 年,它最早是由瑞典学者安特生的助手于 1922 年发现的。1934 年,我国著

尖底瓶内壁黏的麻布痕
郑州青台遗址出土
图片出处：《荥阳青台遗址出土丝
　　　　麻织品观察与研究》

尖底瓶俯视图
郑州青台遗址出土
图片出处：《荥阳青台遗址出土丝
　　　　麻织品观察与研究》

碳化丝织品
郑州青台遗址出土

麻布
郑州青台遗址出土
图片出处：《荥阳青台遗址出土丝
　　　　麻织品观察与研究》

名考古学家郭宝钧等在这里进行了首次考古发掘，专家们在这里发现了大量纺织工具，有纺轮、骨针、锥、匕等，但那个时候大家并没有意识到它们是用来纺织丝绸的。1981年至1988年，郑州市文物部门又先后对青台遗址进行了6次发掘，他们在一个瓮棺中发现了一块灰白色碳化了的丝织物，在另外一个瓮棺中还发现了一些褐灰色碳化纺织物碎片和织物残块。这些织物碎片后来经过上海纺织科学研究院

陶钵外壁上的营茧图与蚕图案
安徽蚌埠吴郢遗址出土
图片出处：《荥阳青台遗址出土丝麻织品观察与研究》

鉴定，属于桑蚕丝平纹织物，其中一块是浅绛色的罗织物，就是我们俗语说的"绫罗绸缎"中的"罗"，而且是经过染色处理的彩色丝绸制品。这些距今 5500~5300 年左右的丝绸制品，是目前出土最早的丝绸织物。2013 年至 2014 年 4 月，郑州汪沟遗址中又发现了仰韶文化时期的丝织品遗存。其中一座瓮棺收埋的婴儿头盖骨上，粘有碳化丝麻织品残留物，这些织物被确认为丝织物残存，距今也有 5500~5300 年。

其实以往的考古发现中发现的丝织品，还不止这些，年代比较早的有 1958 年大汶口文化时期的丝绸织品，年代距今 5300 年；1958 年在太湖之滨的浙江吴兴钱山漾新石器时代晚期文化遗址中，出土了距今 4750 年的桑蚕丝线、丝带和平纹绢片，这是我国长江下游地区出土的最早的丝绸实物。

　　说到这里，您是不是也发现了，这些发现丝织品的早期遗址，除了钱山漾遗址外，其余的都位于黄河流域，难道说丝绸的起源是在黄河流域吗？那个时候黄河流域能够种桑养蚕吗？

　　原来，在距今 10000~7500 年的时候，地球进入全新世大暖期，这个大暖期延续了大约 5500 年，这期间为中国带来了温暖的气候，令桑树种植和蚕的养殖在黄河流域可以广泛进行。

　　考古发现证实了环境气候变暖的这种说法是可信的，因为这一时期发现的蚕纹文物还真不少呢。

　　1926 年考古学家在山西省夏县西阴村发出了半个蚕茧，茧壳长约 1.36、幅宽约 1.04 厘米，是用锐利的刀刃切

山西夏县西阴村遗址

半个蚕茧
1926 年山西夏县西阴村出土

图片出处:《中国百年百大考古发现》,第 26 页

去了茧的一部分。昆虫学家研究后断定为桑蚕茧,推算出蚕蛹长 1、宽 0.36 厘米。西阴村所处的时代为仰韶文化时期,距今约 6080~5600 年。

与此同时,在新石器时代遗址中,发现了许多蚕纹图像。比如 1977 年在浙江省余姚罗江河姆渡文化遗址中,出土了距今 7000 年的蚕纹骨盅、纺轮和蚕蛾形器物;属于齐家文化(距今 4100~3700 年)的临洮县出土罐腹部刻划出六条蚕纹,分为两组,每组三条。蚕有头、嘴、腿、尾,身上有八九条平行线纹和折线纹,表示蚕的多节肢。蚕体略呈弯曲状,有生灵蠕动之感,是生活中蚕的真实写照,是一幅早期罕见的群蚕图,雕刻精美。安徽蚌埠吴郢遗址出土的陶钵外壁上有营茧图与蚕图案。

河北正定南杨庄仰韶文化遗址出土了一件陶蚕蛹,经检测时代为公元前 5400 年左右;山西省运城市闻喜县上郭遗址出土了一枚距今至少 5200 年的石雕蚕蛹;1960 年,

考古都挖了点啥

1977 年浙江余姚河姆渡遗址发掘现场

图片出处:《中国百年百大考古发现》,第 51 页

考古工作者在芮城县西王村发现一件仰韶晚期的"蛹形陶饰";2019 年、2020 年、2021 年,考古工作者又在夏县师赵村遗址发掘出了 5 枚石雕蚕蛹和一枚陶制蚕蛹;2021 年河南灵宝城烟仰韶文化早期遗址出土一件石雕蚕茧;甚至远在新疆的阿克斯皮尔古城还出土了一件陶蚕。这些蚕蛹形器物及装饰无一例外地全都出自北方的中原地区。

二联陶罐上的蚕纹线图

二联陶罐上的蚕纹
甘肃临洮出土

图片出处:《甘肃省博物馆》,第 86 页

石雕蚕茧
河南灵宝城烟仰韶文化早期遗址出土

图片出处:《2021 中国重要考古发现》,
第 46 页

陶蚕
新疆阿克斯皮尔古城出土

图片出处:《新疆文物古迹大观》,
第 78 页

    前不久,在距离青台遗址不足百公里的河南巩义双槐树遗址,考古人员还发现了一枚用野猪獠牙雕刻而成的蚕,这是中国目前发现的时代最早的蚕雕艺术品。这枚牙雕蚕长 6.4、宽不足 1、厚 0.1 厘米,这只牙雕蚕与现代家蚕

极其相似，根据它的整体造型以及头昂尾翘的C形姿态，专家推测古人刻画的是一只正处于吐丝阶段的家蚕。

牙雕蚕
河南巩义双槐树遗址出土
图片出处：《新世纪中国考古新发现》，第72页

人们最初是利用野生的蚕，后来把野生的蚕经过驯化变为家蚕，出现大量的蚕茧，有了养殖桑蚕的技术，人们便可以开始大量制

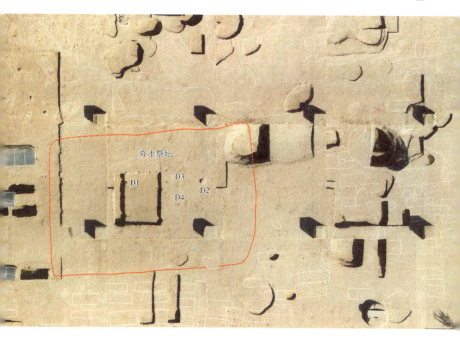

夯土祭坛

D1　D3
　　D4　D2

双槐树遗址大型墓葬及祭坛

图片出处：《新世纪中国考古新发现》，第71页

蚕丝的形成

图片出处：《丝绸之路2000
年》，第22页

作丝绸。对蚕的驯化和崇拜还有可能与神话传说有关。传说中扶桑树可以连接天、地、人三界，而蚕就生活在桑树上，它在结茧之后，可以破茧重生，因此被当时的人们所崇拜。丝绸在当时还是一种贵重的织物，只有尊贵的人才能使用，为逝者制作丝绸下葬，大概也是希望他们能够破茧重生吧。

根据考古学的这些发现推测，至少在距今6000年的新石器时代中期，人们已非常熟悉蚕的生长习性，可以驯化家蚕，并已经开始养蚕、取丝了。综合考古出土的史前蚕和丝的文物，参照上古神话传说，把蚕桑丝绸起源的年代，确定在距今六七千年前的新石器时代早中期是令人信服的。而我国北方的黄河流域则很有可能就是丝绸的起源地。

2020年12月3日，中国丝绸博物馆在荥阳青台遗址设

史前腰机织布示意图

图片出处:《半窗意象》,第 4 页

根据江西靖安东周墓复原的原始腰机

图片出处:《从养蚕和复原织机做起》

根据良渚织机玉饰复原的原始腰机示意图

图片出处：《从养蚕和复原织机做起》

考古都挖了点啥

绢地蚕纹绣
长沙马王堆汉墓出土

图片出处：《马王堆汉墓陈列》，第 216 页

茧形壶
甘肃张家川马家塬墓地出土

图片出处：《发现西戎——甘肃张家川
马家塬墓地》

立了重点科研基地，将在此进行"丝绸之源"的深入研究。

在人类历史上，可能没有一种商品像丝绸这样，能轻而易举地改写世界历史。远古的先民们，怎么也想不到，他们发明的丝绸，会给这个世界带来如此精彩的改变。

小口尖底瓶——

看看古人最早的酿酒器

如果您去陕西西安的半坡遗址参观过，一定会对那里的彩陶印象深刻，有一种小口、细颈、深腹、尖底的彩陶瓶，瓶口两侧有对称的耳；外表轮廓像一个梭子，线条简洁流畅。在小口尖底瓶的外部还绘有黑色线条的纹饰，与红陶的底色交相辉映。整体造型之美，不管谁第一次看到，都不敢相信它竟出自 7000 年前的仰韶先民之手，它就是中学历史课本里讲到的小口尖底瓶。

这种造型独特的陶器，究竟是干什么用的？自发现以来，就一直充满了争议。

为此我也请教了中学历史老师，了解到现在的历史课本还是延续这样的说法：小口尖底瓶是汲水器，使用的时候将尖底瓶两耳穿上绳放入水中，由于水的浮力和重心的

陕西半坡遗址发掘现场绘图

图片出处:《中国百年百大考古大发现》,第 134 页

陕西半坡遗址发掘现场

图片出处:《中国百年百大考古大发现》,第 133 页

作用,尖底瓶上半部会自动倾倒,下半部翘起;随着瓶内的水逐渐增多,尖底瓶下半部也逐渐下沉,直至瓶内盛满水后瓶身自动扶正。

这种尖底瓶作为自动取水器的观点曾经一度非常流行,写入历史课本后,这似乎成了一个定论,以至于大家都深信不疑。

然而,事实真的如此吗?为了证实这种说法是否可信,半坡博物馆的研究人员就较起真来了,他们对陕西西安半坡和临潼姜寨两处遗址出土的尖底瓶进行了考古实验,结果显示尖底瓶放到水面上后,确实能倾斜并自动灌水,但当灌到一半时,尖底瓶重心下移,口部会自动扬起来,这时候便无法继续灌水了,需要用手把瓶口按到水里再继续灌水。当我们要提起来的时候,麻烦就来了,因为系绳的位置在双耳啊,重心不就在上部吗?这样尖底瓶一下

小口尖底瓶
陕西半坡遗址出土

图片出处:《中国百年百大考古大发现》,第135页

陕西临潼姜寨小口尖底瓶出土场景

图片出处:《中国百年百大考古大发现》, 第 137 页

小口尖底瓶
陕西临潼姜寨遗址出土

图片出处:《中国百年百大考古大发现》, 第 138 页

波折纹尖底罐
陕西临潼姜寨遗址出土

图片出处:《中国百年百大考古大发现》, 第 138 页

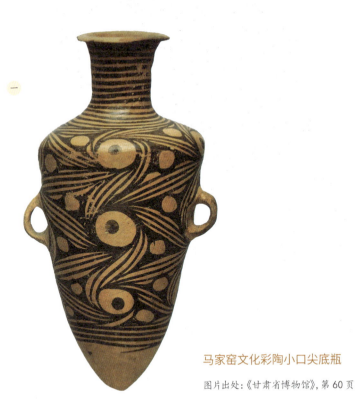

马家窑文化彩陶小口尖底瓶

图片出处:《甘肃省博物馆》,第60页

子就翻了,别说是那一瓶水了,半瓶都剩不下!用这样的陶器去打水,不是自讨苦吃吗?

　　研究人员们不甘心啊,他们设想古人是不是直接用手握住瓶口将水灌满,然后把绳子系到瓶颈部,这样就不易翻了。然后背在肩上或背上,但问题是,这种腹部圆鼓鼓的家伙,不能紧贴人的腰部或背部,是不是也很不方便啊?

　　他们的疑问就如一石激起千层浪,一段时间以来,关于这个尖底瓶用途的讨论,真的是沸沸扬扬。有人提出来说是不是暖水瓶啊?呵呵,这还真是脑洞大开了。还有人

考古都挖了点啥

说它相当于净水器，竖起来的时候，泥沙沉积在下面，倒水的时候泥沙不容易出来，这样的观点似乎也站不住脚，因为环境考古专家们说了，那个时期，气候温暖湿润、雨量充沛，小口尖底瓶主要的出土地黄土高原地区也不像现在这般干旱缺水。人类居住在河流两岸，有充足的水源可以利用，又没有污染，河水不需要过滤啊！还有人说是起平衡作用的欹器，也有人说是葬具、祈雨器……都有一定道理，但又不足以让人信服。

这个时候著名的考古学家苏秉琦先生从古文字的角度提出了新的看法，他认为甲骨文的“酒”字就是尖底瓶的象形，所以小口尖瓶很可能就是跟酒有关的器物。最初看到这个观点的时候，我有一种茅塞顿开的感觉，从字形上来说，甲骨文的“酒”字和小口尖底瓶的样子太像了！最主要的是，这种观点是回归了事情的本原。要知道，原始社会时期，人类制造出来的东西首先是要满足人类的基本

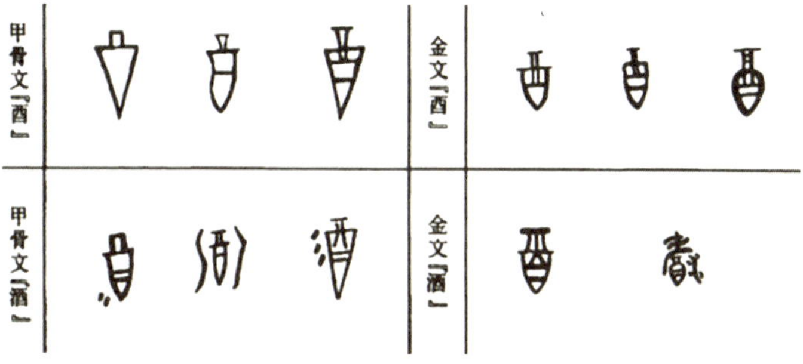

甲胄文金文中“酒”字的写法

仰韶文化早期小口尖底瓶
河南灵宝城烟遗址出土

图片出处：《2021年中国重要考古发现》，第46页

需求。尖底瓶在仰韶文化遗址中不论是灰坑、房址、墓葬中都非常常见，可见制作之初，尖底瓶首先是作为仰韶先民们日常生活中的常用器，并不具有那么多的神秘色彩。

后来又有专家在此基础上进一步提出是酿酒或者泡酒器，证据是在小口尖底瓶的外底部经常可以见到草拌泥的痕迹，这是什么原因呢？推测是在酒发酵或者泡酒的过程中，把尖底瓶固定在一个地方使用时留下的痕迹。另外，在遗址中还发现有漏斗状的陶器，口部有一个倒水用的流，它恰好能插入尖底瓶的口内，用它向尖底瓶内加水正合适。

也有学者通过查阅古巴比伦、古埃及、古希腊等外国文明的图像资料发现，这些地方都使用过与我国出土的尖

考古都挖了点啥

底瓶几乎一样的陶器, 它们分别用于酿酒、运酒或饮酒等与酒类相关的活动。

　　还有一个关键证据。近年来, 斯坦福大学的刘莉教授与她的团队对西安米家崖、高陵杨官寨、蓝田新街等遗址出土的尖底瓶、漏斗等陶器上的淀粉粒、植硅体以及化学残留物进行了综合分析后认为, 漏斗、尖底瓶等器物是酿

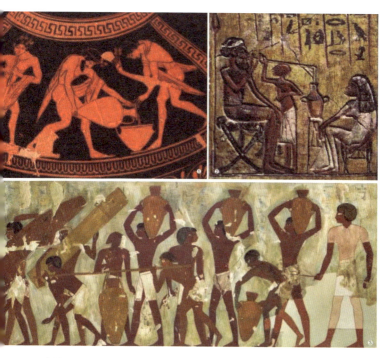

古埃及人饮酒

图片来自:《仰韶文化尖底瓶的功能》,《大众考古》2018 年第 10 期

2009 年洛阳博物馆《秦汉罗马文明展》观展时拍摄

图片出处:商春芳拍摄

造谷芽酒的工具,其中尖底瓶的作用就是在谷芽酒酿造过程中的发酵和储藏。您想啊,尖底瓶的小口方便封口,可以减少酒精的挥发,防止酸败;尖底则是利于残渣的沉淀。

于是,根据这些研究成果,小口尖底瓶用途,我们可以大致作如下场景还原:

大约 7000 年前的一个夏天,一场大雨过后,半坡人的地窖里进水,储存的谷物被淹。没过几天,水还没来得清理干净,吸了水的粟和黍发芽了,为了防止变坏,人们只好把这些发芽的谷物煮熟,没想到竟然发现有一种甜甜的味道特别好吃。没有吃完的谷芽粥或谷芽饭,放置一段时间后,上面会分离出一部分液体,竟然散发出芳香气味,尝之味美。此后,随着粮食产得越来越多,每当人们想要吃到这种

考古都挖了点啥

美味的食品，便会模拟仿制，特意做出发芽坑，促使谷物发芽。经过长期的摸索，人们发现将其装入小口尖底瓶中，保温发酵，可以防止酸败。寒冷季节将小口尖底瓮下部埋入土中，可以保温；夏天为了保持发酵的理想温度，可以对着瓶身泼水。谷芽多了，可以经过日晒干燥，贮存起来备用。在下次用的时候，将干燥的谷芽装入小口尖底瓶中，加入温水，进行保温发酵。发酵好的液体经过在小口尖底瓶内的沉淀，大家便可以享用到这种清冽甘甜的饮料。

这样酿制的酒是不是有点儿像今天度数不高的啤酒和果酒？这完全颠覆了我们从小在历史课本里学到的知识！

科学家们通过观察还发现，不少尖底瓶的口部有明显

陕西临潼姜寨的小口尖底瓶

图片出处：《仰韶地图：仰韶和她的时代》，《中国文化遗产》2012 年 6 期

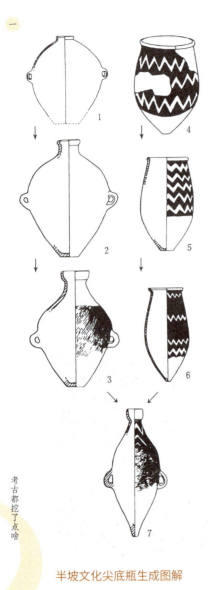

半坡文化尖底瓶生成图解

图片出处：《仰韶的源流》

的竖向擦痕，经过微痕考古实验，他们认为这是用芦苇摩擦陶片后留下的痕迹，据此推测尖底瓶还兼作饮酒器。简单点儿说，就是古人把一根长长的芦苇插入瓶口当吸管，这样便可以很方便地喝酒了。我曾经看过古埃及文明展，确实有类似的尖底瓶用作饮酒器的图解。但如果真的这样直接饮用酒，那也不是普通人吧？

一个小小的尖底瓶，考古学家们在对它的研究中运用了文化对比、成分分析、微痕观察等方法，也是煞费苦心了。正是有了这些科学手段的帮助，也使得考古的结论有了极具说服力的证据。现在我们至少可以证明仰韶文化尖底瓶中有一

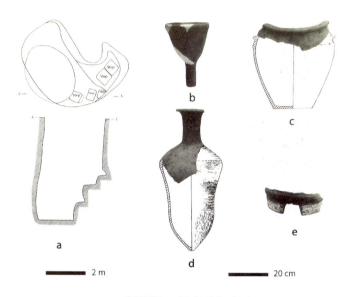

米家崖遗址 H82 的谷芽酒酿造工具组合

a. H82 线形图　b. 漏斗 1　c. 陶器 6 复原状　d. 陶器 3 复原状　e. 陶灶

仰韶文化时期小口尖底瓶小漏斗、大口瓮、陶灶的配合使用

图片出处:《半坡和姜寨出土仰韶文化早期小口尖底瓶的酿酒功能》

部分确实具有酒器的功能。但是考虑到仰韶文化时期比较落后的农业生产力和较少的粮食产量,居民们并不存在普遍的酿酒、饮酒活动,酒作为比较稀有的物资应该只有少部分人能够饮用到,所以作为酒器的尖底瓶应该只是数量庞大的尖底瓶中极少的一部分。

如今尖底瓶为酒器的观点,正在慢慢地得到大家的认可,河南仰韶酒厂还适时推出了仿照小口尖底瓶制作的仰

现代仰韶酒

韶酒，也是一种创新。但是我们也不能因此以偏概全。毕竟原始社会时期，人们一器多用的情况还是很多的，况且延续时间近两千年的尖底瓶，其分布范围广，形制多样，数量庞大，功能也应当具有多样性。

有的学者提出，小口尖底瓶是由一件杯形口的双耳壶与一件尖底罐组合而成的，是以华山、渭水为中心的"华渭文化区"和以泰山、沂水为中心的"泰沂文化区"这两大区域之间的文化相互撞击、接受、融合和影响，从而生成更高一级的考古学文化的结果，那是不是可以说，小口尖底瓶这种划时代的新鲜器物的产生，其中蕴含着某种新的制度或是文化呢？

关于小口尖底瓶，我们不知道的内容还有很多，以后的研究者还会有新发现也说不定呢？

一

三星堆青铜器——青铜是哪儿来的

　　说起三星堆，大多数人记忆深刻的恐怕就是那些硕大的青铜器。它们昭示了古蜀文明的辉煌灿烂，也彰显了中华文化的丰富性和多样性。2014年，我国领导人出访秘鲁时，还将复制的三星堆青铜面具，作为"国礼"赠送给了秘鲁。惊叹之余，您会不会也跟我一样，心里经常犯点小嘀咕：这些巨大的青铜器得需要多少铜啊！这些铜是从哪儿来的呢？呵呵，说到这儿了，那不由得咱们就得来条分缕析地聊聊。

　　三星堆遗址从20世纪开始发掘至今，出土的青铜器数量之大，令人叹为观止。仅在1986年的一次考古发掘中，就出土了914件，其中国内现存年代最早、最大、最完整的青铜立人像有2.6米高，180公斤重；全世界发现年代

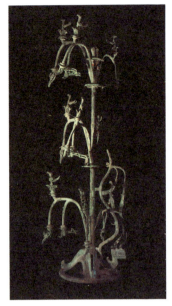

三星堆遗址青铜大立人像

图片出处：《中国百年百大考古发现》，
第184页

三星堆遗址青铜神树

图片出处：《中国百年百大考古发现》，
第184页

最早、树株最高的青铜神树有3.8米高；还有百余件纵目
大耳的青铜人像面具等等。据有关资料显示，这些造型奇
特、大气恢宏、内涵丰富的古蜀王国杰出青铜"作品"，总重
量有好几吨。有专家按照当时的冶炼技术，推算出这几吨
青铜器大约需要数千吨矿石才能制作完成。试想一下，这
数千吨的矿石，得需要多大的场地来堆放呢？

　　三星堆遗址所处的广汉市，地处成都平原的东北侧，
自古以来就不是产铜区。那问题就来了，既然当地不产铜，

三星堆遗址青铜纵目面具

图片出处:《中国百年百大考古发现》,第184页

三星堆遗址青铜尊

图片出处:《中国百年百大考古发现》,
第184页

三星堆遗址青铜扭头跪坐人像

图片出处:《中国百年百大考古发现》,
第184页

从正常逻辑和生产、生活常识出发来思考，能够出产如此数目庞大的铜器，它的周边不得有一座铜矿山啊！当然，还得有锡和铅等矿物。

于是，考古人员首先在三星堆及其附近寻找青铜冶炼工场遗迹。结果在三星堆附近还真发现了一个龙门山大宝铜矿，这个铜矿储量还非常丰富，是个大矿！但遗憾的是，研究发现，大宝铜矿在三星堆时期并没有被开采过。并且，为了搞清楚大宝铜矿与三星堆青铜器是否有血缘关系，科学家们还用了同位素比值比对，结果发现两者并无"血缘"关系！

那就再往远处找找呗。研究人员又把目光扫向了三星堆的周边地区。

江西新干大墓中型铜礼器出土现场

图片出处：《中国百年百大考古发现》，第155页

考古都挖了点啥

四川洪雅县瓦屋山，距离广汉 200 多公里的地方，当真就让咱找到了一个铜矿。2016 年，考古人员在这里发现了大量先秦时期规模庞大的铜矿冶炼点，尤其是瓦屋山的严道铜山，早在商代，就对中原地区输出大量的铜矿资源；而且从汉代到明代，几千年间从未间断过。瓦屋山丰富的铜矿资源，以及相对来说并不遥远的距离，是不是有可能为三星堆先民提供源源不断的铜矿资源呢？

再远一点，考古专家们在云南昭通的堂狼山又发现了一个铜矿。云南昭通，是历史上著名的产铜地。据东晋《华阳国志·蜀志》记载，古蜀国王杜宇，看上了昭通的梁氏女，然后将她纳为妃子。由此可见，古蜀国通过联姻的方式，与昭通有过友好的往来关系，这是获取充足的铜矿资源的有利条件。

云南昆明还有一个东川铜矿，铜矿资源藏量丰富，也是古代历史上铜矿资源的主产地，直到现在还能开采出大量的铜矿石。考古人员曾多次赶赴东川实地考察，并取

东川境内的自然铜

图片出处：《绚丽多彩的云南东川古铜文化》

云南东川宝塔形炼铜窑遗址

图片出处:《绚丽多彩的云南东川古铜文化》

回了铜矿样本,然后和三星堆的青铜器放在一起分析和对比,得出了结论:云南东川铜矿的矿石成分与三星堆青铜器的成分吻合!另外,就当时的运输条件来说,东川到广汉之间也是有古道的。由此,专家们比较倾向于云南东川的铜矿。

不过,您先别急着下定论,因为,科学研究永远都是发展的。科学家们对于古代青铜器的研究,一直没有停止过。

20世纪70年代初,考古人员在江西樟树发现了吴城遗址,时代是商代早期到西周初期,距今最早3600多年,是当时诸侯国的政治、经济、文化中心。这里考古发掘出土的 480 件青铜器同样也是配方独特、工艺精湛、造型奇巧、纹饰瑰丽。

凑巧的是，考古人员在江西瑞昌铜岭还发现了一处铜矿遗址，年代最早为商代，是目前发现最早的采矿遗址。这里已经使用了露天和地下两种开采方式，并使用了多类型的木制器械，专家们得出结论说："吴城先民在商代早期就发现、开采了赣北瑞昌铜岭的铜矿，并铸造出了精美的青铜器。"

2012 年，中国科学技术大学科技考古实验室对三星堆

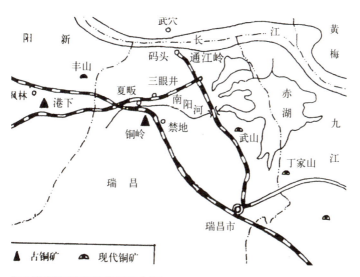

江西瑞昌铜岭遗址位置示意图

图片出处：《中国十年百大考古新发现》，第 331 页

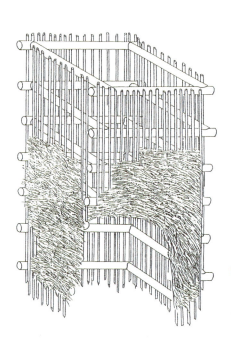

商代矿井

图片出处：
《中国十年百大考古新发现》，
第 333 页

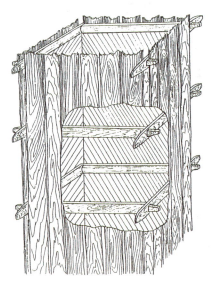

西周矿井

图片出处：
《中国十年百大考古新发现》，
第 334 页

与金沙遗址、汉中城洋、吴城遗址出土铜器的合金成分作了比较分析测试后发现，只有三星堆和吴城出土的青铜器同时都含有同一种名为"高放射成因铅"的特殊铅，又叫异常铅。中国科学技术大学科技考古实验室主任金正耀在《中国铅同位素考古》一文中称：四川三星堆和江西吴城两处遗址所出的铜器都属于特殊铅器物，都使用了同一来源的金属原料。

先甭管那些拗口的名词，咱们抓重点：相隔千里的四川三星堆和江西吴城两地，先秦古人在炼铸青铜器时集中使用了同一种金属原料。换句话说，三星堆、吴城冶炼青铜器时采用的矿产原料，可能是一个地方产出的，也就是出自江西瑞昌铜岭。

另外，科学家通过同位素测试研究，发现出土于河南安阳商朝晚期都城遗址殷墟中的青铜器，有一部分可能也是用了江西瑞昌铜岭的铜矿石铸成的。而且"这种特殊铅金属原料的出产地一直是供应商代青铜生产主要金属原料产地之一"。看来，商王朝早就控制了南铜北输的生命线，以此维系着王都的青铜铸造业。

不知您看出这其中的关系没有？就是说江西瑞昌铜岭的铜矿既可能曾向四川三星堆输送了炼铜矿石，也很有可能是远在中原的商王朝王室的"御用"铜矿。

说到这儿，您是不是跟我一样有点晕？云南？江西？四川？怎么看都离得挺远，如果把这三个地点连成线，就是个三角形，位于西南的三星堆从东南方向的江西取矿，

西周溜槽选矿示意图

图片出处:
《中国十年百大考古新发现》，第 335 页

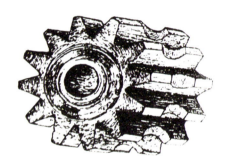

春秋时期木滑车示意图

图片出处:
《中国十年百大考古新发现》，第 335 页

如今看来都相当不易！这些居住在长江上游的三星堆人与居住在长江中游的吴城人是否曾经"走动"或"串门"？他们又是通过什么渠道相互走动甚至是运输物资的？

　　说了这么多，您也看出来了，以目前的研究情况看，三星堆的铜到底从哪儿来，都还是个可能和推测。

铜矿石
山西绛县西吴壁遗址出土

图片出处:《新世纪中国考古新发现》,第 137 页

铜炼渣
山西绛县西吴壁遗址出土

图片出处:《新世纪中国考古新发现》,第 137 页

　　既然是推测,索性我们也大胆推测一下:有没有另外一种可能,还有一处金属矿山,就在四川三星堆和江西吴城两个遗址之间,只是我们还没有发现? 又或许,三星堆附近本就有矿山,青铜器的矿源和制作都是在本地,只是我们还没找到而已?

　　更或许,我们根本低估了古人的智慧和利用天地自然的能力,低估了文化传播的力量? 古人在与自然长期相处中,或许更懂得利用天时地利,可能我们今天看来不可能甚至是无法实现的事情,他们已经解决了呢?

　　或许他们早就跨越千山万水,实现了早期的大联盟和文化的相互渗透,否则我们今天在讨论各个文化面貌时,为什么会常常有似曾相识的感觉呢?

三星堆与二里头的『同款』文物

今天，咱们聊聊三星堆与二里头的"同款"文物。

现如今，大街上潮男潮女们的穿着打扮、发型，都以跟某个大牌明星同款为荣，网店也以销售明星同款来抢单，谁让人家明星影响力大呢?!

同理，如果考古挖出来了"同款"文物，谁受谁的影响，那也得看谁的影响力更大了。比如时下最火的三星堆遗址，那里出土的文物，有人说是外来文化，有人说是本土文化，莫衷一是。不过，光说不行，咱们今天就仔细分析分析它跟哪个"大牌明星"款最接近。

说起三星堆遗址，关于它的话题持续了将近一个世纪。从 20 世纪二三十年代发现至今，大大小小的发掘进行了四次，最近一次的发掘，更是让这个地处四川省广汉市

三星堆遗址全景

图片出处:《中国百年百大考古发现》,第 181 页

二里头遗址

图片出处:《中国百年百大考古发现》,第 157 页

VH290 绿松石料

2004 年洛阳二里头遗址出土

图片出处：程永建提供

二里头墓葬铜牌饰出土现场

西北鸭子河南岸，分布面积 12 平方公里的古蜀文化火遍了大街小巷！

在这番热闹中，考古学家们还是用一贯冷静的目光把它彻底扫描了一遍。结果发现，三星堆竟然有几种文物与中原地区时代相近的二里头遗址出土文物是同款！

第一种，陶盉。这是一种三条腿的陶器，像极了一个人劈腿站立的样子，一手叉腰，另一只手举手冲天。要说这古人也是充满了智慧，这种陶盉装满液体以后，在叉开的三条腿下面还可以添柴烧火，提起来还可以很轻松地往外

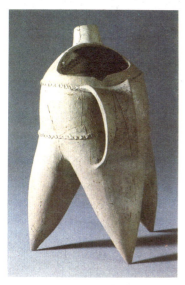

陶盉
二里头遗址

图片出处：程永建提供

陶盉
三星堆遗址出土

图片出处：《中国百年百大考古发现》，
第 183 页

倒。呵呵！古人的智慧，您服不服？话说当三星堆发掘出这种陶盉的时候，考古学家们都觉得有种似曾相识的感觉，从风格上看，与二里头的陶盉简直太像了：他们不仅外形相似，而且体形都比较"瘦高"，与别的地区"矮胖"型流行款明显不同。

第二种，镶嵌绿松石铜牌饰。这种铜牌饰是一头大一头小的长方形，两边分别有两个系绳用的孔，牌饰中间镶嵌有绿松石，有点像缩小版的盾牌。目前，三星堆与二里头都出土了好几件这样的铜牌饰。从造型、纹饰布局上，都有很多相似之处。相比之下，二里头的绿松石镶嵌历经 3600 年依然光

嵌绿松石兽面纹铜牌饰
二里头遗址
图片出处：《中国百年百大考古发现》，第
160 页

铜牌饰上的纺织痕
二里头遗址

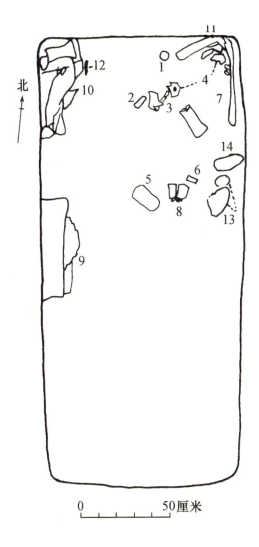

1981 年洛阳二里头遗址 V 区 M4 平面图

长 2.5、宽 1.16、深 2.1 米。

1. 陶片；2、3. 绿松石管；4. 陶盉；5. 镶嵌绿松石兽面铜牌

6. 玉管状物；8•铜铃；9~13. 漆器；12. 柄形玉器

洁如初，并且少有脱落，显然工艺上更胜一筹。

　　第三种是牙璋。这种器物上端有刃，下端有柄，底部两侧还有几排突出的齿状物。考古学家们最初从文献记载上查到它的作用是兵符，后来经过多年的考古发现证实，它其实是祭祀用的礼器。从外观上看，三星堆和二里头出土的牙璋整体上相似度极高。非常诡异的是，牙璋的形状正是在二里头时期体量变大，牙璋扉牙形状表现为张嘴的龙的形态，而三星堆遗址出土的多件牙璋，也都是这种形态。

玉璋
二里头遗址出土

程永建提供

牙璋
二里头遗址出土

图片出处：《中国百年百大考古发现》，第160页

牙璋
三星堆遗址出土

图片出处：《中国百年百大考古发现》，第183页

这三种器物都是祭祀用的礼器,都是贵族身份的代表,也都是最早起源于黄河中下游地区,在长江流域极为鲜见。

这还不够,我再给您归纳点儿东西:

从年代和数量上看,三星堆出土的铜牌饰比二里头的晚,数量也没有二里头的多。三星堆牙璋流行的时候,中原地区已经接近尾声了,三星堆牙璋的流行风比二里头慢了不止一拍!

说到这儿,对于地处河洛地区的二里头,和地处成都平原的三星堆出现的同款文物,两者究竟谁影响了谁,您是不是心里有点儿谱了?

那接下来问题又来了,距离上相差上千公里的两地,

铜牌饰
三星堆遗址

图片出处:《中国百年百大考古发现》,第184页

我们在几十年前还都觉得入川是一件多么困难的事儿，在几千年前，他们究竟有没有交流的可能呢？

首先，从时间上看，三星堆文化距今 3600~3000 年，二里头文化距今 3800~3500 年，两者并存时间有百年以上。他们是有充分交流的可能的。

从空间上看，虽然两地相距上千公里，但两者的文化影响区域都分别可以扩展到很远的地方，这就为两者之间发生联系提供了空间条件。

最后一点也很重要，从文化的实力和影响力上说，不可否认二里头文化要强于三星堆文化。

相距甚远的两地出现文物的"同款"，无疑体现的是文化的交流，而且是频繁地交流！在这个过程中，二里头文化对三星堆文化的影响是显著的，比如目前经过考古学家们研究确认的，二里头牙璋曾经影响的地区，其中一条路

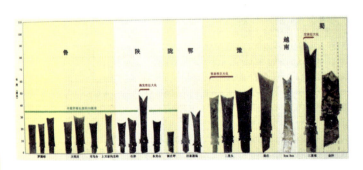

二里头式玉璋的扩散

图片出处：《考古中国：15 位考古学家说上下五千年》，第 179 页

考古都挖了点啥

从湖北、湖南传到了广东、福建、香港一带，另外一条路就是顺着长江流域到了三星堆地区。

从这一点上说，二里头应该是当时那个被广泛效仿、同时能够产生影响力的"大牌明星"！但三星堆文化依然保留着大量独具特色的本土因素，这也是三星堆遗址备受瞩目的原因之一。

如果以动画的方式展现两者的交流过程，中原腹地的二里头文化应该是向四方强力扩张、辐射的，它逐渐超越自然地理单元和文化屏障，形成了强力的冲击波，直至与三星堆文化产生碰撞和交集，从而稳稳地成为中华文明总进程的核心引领者。而三星堆遗址也在与二里头的不断交融中，吸收改造，进而形成自己独树一帜的文化面貌，充分体现了古蜀文明、长江文化对中华文明的重要贡献。

从"满天星斗"到"月明星稀"，在漫长的历史发展中，中华文明正是这样相互影响并形成多元一体的发展进程，这种发展进程从三星堆文物与二里头文物的"撞脸"中，或许得到了某种程度的体现！

说到这儿，您看它们俩是谁受了谁的影响更大呢？

黄金面具——
看看古人怎么往脸上贴金

咱们今天俗话说往脸上贴金,意思是说美化、夸耀自己或他人,并不是真的往脸上贴金子。不过,对古人来说,往脸上贴金那可是真事儿,而且还是很高级别的丧葬礼俗呢!这么说也许您已经猜出来了,咱今天说的就是古代的金面具。

以今天人们的价值观看,用金子制作的金面具那可是价值连城啊,但在古代,除了贵重,它更具有一层神秘的寓意。究竟怎么个神秘法儿呢?

咱先从年代最早的说起。郑州书院街出土了一件酷似金面具的东西,但它没有五官,出土时它位于人骨头部的墓壁处,所以只能推测它极有可能就是金面具。

要说最引人注目的还得说是金沙遗址的金面具。它

金面具
成都金沙遗址出土

图片出处:《金沙遗址博物馆》,第 51 页

金面具
成都金沙遗址出土

图片出处:《金沙遗址博物馆》,第 51 页

不仅有清晰的五官,而且体量大,出土数量多。2007年2月12日,中国四川省成都金沙遗址8号遗迹坑中出土了六件,这六件的年代是商代晚期至西周时期,距今约3000年。其中一件面具高11、宽19.6厘米,尺寸与真人面孔相同。相貌是不是也跟真人一样呢?那可是有点区别的。你看它的额头齐平,面部呈方形,大立眼,凸起的长刀形眉,三角形鼻子高高挺起,阔嘴,再加上长方形耳朵,耳垂处各有一圆孔。这夸张的造型,跟现代人差得有点多啊!但是它们跟同时期古蜀国的青铜人像几乎一模一样,有可能是一个模子制作的?所以,它不太可能是按照某个具体的人做的,最大的可能应该是古蜀时期祭祀用的神祇面具。从金面具薄薄的样子和背面的痕迹观察,它可能是安装在某种物体之上。这个金面具的发现,在当时是罕见的国家级珍贵文物,它是同时期形体最大、保存最为完整的金面具。

紧接着,与它时代接近的三星堆遗址,最新的考古发掘也发现了与它十分相似的金面具。在祭祀区一个只有3平方米左右的5号坑里,出土了半张黄金面具,虽然只有半张,但方形面部、镂空大眼、三角鼻梁还有宽大的耳朵,风格上与金沙的大金面具十分相似。但它显得格外厚重,而且也更宽大。宽度约23、高度约28厘米,重量大约为280克,按此计算,如果是完整的,总重量应该超过500g,这比目前国内出土的商代最重的金器——重达463克的三星堆金杖还要重,最重要的是,这件黄金面具厚度非常厚,不需要任何支撑,就可以独自立起来。

金面具
三星堆 K3 出土
图片出处:《2021年中国重要考古发现》,
第 97 页

金面具
三星堆 K5 出土
图片出处:《2021年中国重要考古发现》,
第 97 页

您大概也看出来了,金沙、三星堆金面具有很大的相似性,专家们推测它们都是祭祀性质的神祇面具,根据是什么呢?在《周礼·夏官》中有这样的记载:"方相氏,掌蒙熊皮,黄金四目,玄衣朱裳,执戈扬盾,帅百隶而是傩。以索室驱疫。"原来,在祭祀活动中,那个主持祭祀的方相氏人戴的就是面具。方相氏长得什么样呢?在黄金面具上看,五官的位置与人面相近,但面目凶煞。它可以通过眼、鼻、口的孔窥视四周动向,发号施令。遗憾的是,我们至今还无法推测近 3000 年前后人们祭祀的具体场景,因此这些黄金面具无形中增加了几分神秘感。

如果说上述几个祭祀性质的金面具让我们捉摸不定,那么接下来我们要说的黄金面具就更接近于写实,也更具有现实意义。

1997 年,在新疆伊犁昭苏县 74 团发现了一座相当于中原魏晋南北朝时期的墓葬。墓中出土了一件镶嵌红宝石的黄金面具，由胡须判断墓主人是一位男性。按照西亚地区相近的考古发现类比，这应该是盖在死者脸上的，但是它的主人已经无处查找了。这件找不到主人的面具通高 17、宽 16.5 厘米，重 245.5 克，全部以黄金锤鍱而成，大小与真人面孔相当。它有着宽阔的脸庞，两眼炯炯有神，饱满的两颊及下颌，满脸的络腮胡子。络腮胡子右侧排列 19 颗红宝石，左侧排列 20 颗心形红宝石，每颗红宝石周围点缀着金珠。

面具的制作工艺极其精致细腻，它栩栩如生的样子无疑就是墓主人的真实肖像。它是一个草

金面罩铜人像
三星堆出土
图片出处：《中国百年考古大发现》，
第 184 页

镶嵌红宝石金面具
新疆昭苏县波马古墓出土
图片出处：《新疆文物古迹大观》，
第 381 页

原民族武士的写真。比较诡异的是，仔细端详它的时候，总觉得面部的表情威武中透着怒气，庄严中带着威武，奢华中不失尊贵。面对如此个性和生动的表情，我们仿佛看到那扬起烟尘的草原和震撼大地的马蹄声。这到底是哪一个部落？哪一个威武的将士？有人说是草原突厥人，有人说它来自西亚。今天我们看它，仿佛是一个欲言又止的神秘人，任由后人评说。

咱们再看看 1986 年在内蒙古通辽市奈曼旗青龙山镇的辽代陈国公主墓出土的两件鎏金面具。相信看了它，你会有所触动。

这座陈国公主墓中出土了契丹文物珍品近 2000 件。墓主人陈国公主与驸马头枕金花银枕，身着银丝网络葬衣，脸上覆盖着黄金面具，脚踩金花银靴。左侧的公主头部上方放置高翅鎏金银冠，双耳戴着珍珠、琥珀耳坠，脖子上佩戴珍珠项链，手腕戴着两对金镯，双手还套着 11 枚金戒指。其中一件金面具长 20.5、宽 17.2、厚 0.05 厘米，它

金面具
辽陈国公主墓出土
图片出处：《内蒙古东南部航空摄影
考古报告》，第 21 页

覆盖在公主面部，完全是依公主脸型，用薄金片在模具上捶击成形，这层薄薄的金面具看上去呈半浮雕状。脸型丰圆，双眼圆睁，鼻梁狭长，鼻翼略宽，嘴唇紧紧地抿着，呈现安详、平静、端庄之态。另一个金面具，呈半浮雕形，面颊较消瘦，两眼圆睁，双唇抿合，显露出男子特有的刚毅姿态，显然，这个面具是根据驸马的脸型和容貌打造的。它们分别覆盖在公主和驸马的面部，有意思的是，陈国公主墓中出土的两个金面具都是两眼圆睁。在公主面具的边缘一周还有 33 个小穿孔，原来，陈国公主墓还出土了一套银丝网络，黄金面具是与银丝网络配套使用的。

根据史料记载，契丹贵族死后有"以金银为面具，铜丝络其手足"的丧葬习俗。除了陪葬金银饰品外，还要用金、银等贵重金属根据死者的生前容貌制作面具，据说佩戴这种面具，可以防止尸体腐朽，让后人永远铭记死者生前的容颜。

这两个黄金面具尽显逝者的尊贵与奢华，它们的主人身份也非同寻常。原来这陈国公主是辽景帝的孙女、耶律隆庆亲王之女，公主死时年仅 18 岁，这件黄金面具将面庞丰圆、上额舒展的年轻女性柔润的特点表现得淋漓尽致。但更让我惊叹的是，在黄金面具下的惊世传奇，陈国公主和她的驸马，有着怎样凄美的爱情契约，那又是怎样的一份美丽与哀愁，让他们可以相依相偎、生死不渝……

契丹是中国古代北方草原的一个很强的民族，契丹人建立的辽王朝曾经辉煌一时，这个马背上的民族，也是一个开放的民族，吸收了周边民族的各种特点。所以我常常想，这两个黄金面具说不定也还另有别的宗教含意？

除了上面介绍的，在新疆、宁夏和西藏地区，以及相邻的印度、尼泊尔等地区也出土了不少的黄金面具，另外还有金箔面具、金覆面等等形式稍微变化的黄金饰品，这些黄金面具的葬俗究竟是哪里的风俗呢？从

金覆面
宁夏固原史道德墓出土
图片出处：《丝绸之路：大西北遗珍》，
第 146 页

黄金面具正面
西藏阿里曲踏墓地 2009M1 出土
图片出处：《青藏高原丝绸之路的考古
学研究》，第 467 页

金面具
西藏阿里曲踏墓地 2013M1 出土
图片出处：《青藏高原丝绸之路的考古
学研究》，第 467 页

黄金面具

西藏噶尔县故如甲木墓地 2012M1 出土

图片出处：仝涛《青藏高原的丝绸之路考古学研究》，第 466 页

黄金面具

萨石墓地出土

图片出处：《青藏高原丝绸之路的考古学研究》，第 472 页

黄金面具

印度北阿坎德邦加瓦尔地区马拉墓地出土

图片出处：《青藏高原丝绸之路的考古学研究》，第 467 页

黄金面具

帕提亚尼尼

图片出处：《青藏高原丝绸之路的考古学研究》，第 472 页

黄金面具
尼泊尔慕斯塘地区萨木宗墓地出土
图片出处:《青藏高原丝绸之路的考古
学研究》,第 469 页

黄金面具
尼泊尔慕斯塘地区萨木宗墓地出土
图片出处:《青藏高原丝绸之路的考古
学研究》,第 469 页

世界范围看,北非和西亚地区的黄金面具发现得最早,例如埃及、迈锡尼、色雷斯和沙特阿拉伯东北部地区。从中国的范围看,又以游牧民族地区出土比较多,于是有人说金沙和三星堆的黄金面具是受它们的影响。也有人说,黄金饰品更多体现的是中亚文化与草原文明的交流。对此,我们觉得不能否认文化的相互影响作用,但也应该承认文化独具的特色和特有的功能。就拿咱们今天讲的金沙、三星堆以及新疆和内蒙古辽代陈国公主金面具,它们虽然外形相似,但其大小、造型、功能各有不同,制作也各有特点,不得不说,它们是那个时代各自地区、具有文化属性的最高艺术作品,更蕴藏着不同地域、不同文化、不同民族之间交流融合的历史记忆。

前几年,在"成都金沙太阳节"上,创作者在歌舞中融

成都金沙太阳节歌舞

图片出处:《金沙遗址博物馆》

入了金沙元素, 上演了一场戴着金面具的舞蹈。歌舞形式很新颖, 赋予了文化新的概念, 是古蜀文明的时尚表达, 是很有意义的尝试。

　　看完这些古人的黄金面具, 咱们再回头说说这个往脸上贴金。古人往脸上贴金或者是因为有某种宗教目的, 或者为了让人记住他的容颜。今天, 我们说往脸上贴金虽说只是那么一个比喻, 但仔细想想, 这个俗语跟古人还真有某种相似性。您想啊, 有能耐谁不想自己摆到明面儿上啊, 再者说, 在当今激烈竞争时代, 咱得要实干, 也要适当地把自己的才华示人, 为自己评评功摆摆好, 往自己的脸上贴贴金, 说不定还会锦上添花, 那岂不更好吗? 哈哈!

古
代
的
鸡
蛋

鸡蛋不是什么新鲜玩意儿，现在几乎家家餐桌必备、天天都吃。但要说考古发现的古代鸡蛋，恐怕没几个人见过。

先说一个国外最新的考古发现。2021年，以色列文物部门宣布，考古人员在特拉维夫市附近的亚夫内考古时，意外发现一枚约1000年前的鸡蛋。这枚鸡蛋看起来比现在一般的鸡蛋略大一些。它的发现有点无厘头，当时，考古人员在挖掘一片拜占庭时期的工业区时，发现了一个粪坑，这枚鸡蛋就出

以色列考古学家发现一枚拥有千年历史的鸡蛋

土在这里。由于得到了粪坑内"柔软的人类排泄物"保护，这枚鸡蛋得以完整保存。

完整保存的意思是什么？就是说不但蛋壳完整，里面还有少部分蛋黄！不过，这枚鸡蛋底部有一道微小裂缝，导致大部分蛋液流失，只留下少量蛋黄，有待脱氧核糖核酸（DNA）检测。按照咱们的常识，超市硬纸盒里的鸡蛋的保质期最长也就能存放个把月，而这枚鸡蛋已完整保存了1000年，令人惊叹。不过，鸡蛋壳实在是太薄了，在转移过程中，鸡蛋进一步破裂，所幸经以色列文物管理局有机实验室修复，鸡蛋得以复原。

在世界范围内，这枚偶然发现的鸡蛋如此完整，确实罕见，但要论年代，它却并不是出土年代最早的鸡蛋，跟中国考古发现的鸡蛋比，它还有点资历太浅。

啊，还有比它更早的？是的，目前发现年代最早的鸡蛋是中国考古发现的一罐"西周鸡蛋"。

它的发现也有些传奇色彩。1974年，在江苏句容县城南的浮山果园里，当地农民发现了十多座古墓。后来经考古人员挖掘后判断，这是西周时期的平民墓葬群，除了人骨，墓葬中的随葬品只有几件陶器。不过，奇迹就在这几件陶器中，在一件名为"几何印纹硬陶瓿"的陶器内，居然装了满满一罐鸡蛋！简直惊爆了人们的眼球，这些鸡蛋一个挨一个地放在一起，保存得很完整，只是蛋壳看起来比今天的鸡蛋略薄。测量后发现鸡蛋直径在3.1~4.2厘米左右，跟现在的鸡蛋差不多大小。这在当时俨然是一个重大的发

西周时期的鸡蛋
南京博物院藏
图片出处：郑冬青拍摄

现，只是由于历史久远，这些鸡蛋经过几千年时间的洗礼，加上深埋地下，早已经石化了。出于保护文物的考虑，防止鸡蛋被进一步破坏，专家没有将这些鸡蛋提取出来。这些来自西周时期的鸡蛋，可是发现的中国历史上最早的鸡蛋实体，距今有 2800 多年了。

这一罐出土的中国现今年代最早的"西周鸡蛋"在南京博物院展出后，立刻走红网络。很多参观的人们充满好

古代的鸡蛋

洛阳吉利区西晋墓俯视图

洛阳考古研究院提供

空柱盘
宁夏固原东汉墓出土

奇："看，蛋壳上有土，貌似还是土造松花蛋，不知道味道如何？"有人说："应该是生的，腌制的咸蛋，所以要封口的。"这分析得还有理有据的。还有的建议提取 DNA，看能不能孵化西周小鸡。还有些比较有历史知识的人猜测："西周王室姓姬，所以当时这肯定不能叫鸡蛋！"真真是世界真奇妙啊！

有人会问了，西周就有鸡蛋了，那人们什么时候开始饲养的鸡？从现有的研究看，鸡算是比较早驯化的动物了，在中国的饲养至少有 3000 年的历史。在中国古代神话中，雄鸡都是重要角色。最著名的就是后羿射日的故事。传说尧帝时期，天上曾出现了 10 个太阳，致使草木焦枯、江河断流。尧帝请来了东方部落的神箭手大羿，希望借助他的力量将太阳射掉。大羿拈弓搭箭，一连射掉了 9 个太阳，剩下的那一个太阳吓得躲在山后再也不敢出来了，大地陷入无尽的黑暗之中，人们用尽一切办法都无济于事。这时候大公鸡登场了，它对着山那边谦逊地大叫了三声，朴实的鸡鸣得到太阳的信任，天边重新挂起了旭日，大地再次被光明照耀。至此，雄鸡一唱天下白，公鸡成了呼唤太阳的金乌。在中国古代许多神话中，凤凰、重明鸟等鸟类形象都是由鸡衍生而成的。

除了年代最早的西周鸡蛋，考古发现最多的是汉晋时期的鸡蛋。比如在贵州习水县土城镇赤水河边，考古人员在一座 2000 多年前的汉代墓葬中，发现了大量的陶罐。在其中一个陶罐上，有一个略呈黄色的圆球，毛刷轻轻一

红皮鸡蛋及其它器物
洛阳吉利区西晋墓出土

图片出处：商春芳拍摄

碰，圆球表面就破了。大家经过反复比对后，确定这是鸡蛋。由于埋在地下时间太久，又曾受到垮塌后泥土的损伤，鸡蛋的蛋黄、蛋清早已不见。在原来富含碳酸钙物质的蛋壳里面充满了泥土，坚硬的蛋壳得以相对完整地保存下来。这枚"逆天"的汉代鸡蛋，个头比较小，跟农村土鸡蛋大小接近。2013年重庆丰都马鞍山村汉墓中也发现过一坛子鸡蛋，但基本上都是没有蛋清和蛋黄了。1996年在著名的山东章丘洛庄汉墓中，专家们也发现了一个完整的鸡蛋，当时人们把这枚鸡蛋称为"千年一蛋"。宁夏固原一座东汉墓中发现的蛋壳最神奇，它不是在墓室内，而是在前室穹窿顶外面的陶瓶中。

在洛阳市发现的众多西晋墓中，有两座墓出有鸡蛋。其中一个是倒扣在空柱盘里，另外一个吉利区西晋墓中发现了8枚，都在鸡蛋外壳染了红色。当时工作人员试图把破碎的蛋壳粘起来，但因为太薄了，实在无法实现。

为什么汉晋时期的人喜欢在陪葬品里放鸡蛋？有人说是当时社会发展了，他们特别爱吃鸡蛋。在古代，一般家庭饲养的猪和羊的生长周期太长，所以人们利用母鸡下蛋的特性，大规模驯养鸡来维持家庭生存所需的营养。鸡的驯养技术得到普及，公鸡是人们日常生活中的"闹钟"，母鸡下蛋成为蛋白质生成器。人类生活条件好了，平均寿命长了，人口也大幅度增加了。汉代人继承了商周时期的厚葬风俗，但他们更多地是把日用品、酒水、陶器等实用性物

红皮鸡蛋
洛阳吉利区西晋墓出土
洛阳考古研究院提供

装有鸡蛋壳的竹笥
长沙马王堆辛追夫人墓出土

品带到墓葬中,鸡蛋就是其中之一。看来,汉代人饲养鸡是很普遍的了。

但洛阳吉利区西晋墓发现的 8 枚鸡蛋比较特殊,它们分别放置在前室和后室两个地方。比较诡异的是,从骨架上看,这座墓前室埋葬的是一位女性,后室则是两个小孩子,应该是为未成年就夭折的孩子陪葬的。鸡蛋外壳施有红衣,就像现在人们生小孩特意染的红鸡蛋一样,这样看来,这些鸡蛋一定蕴含了一定的意义,也许是希望夭折的孩子在地下也能经常吃到鸡蛋?

说到这儿,您也大概了解了,在古代,鸡蛋也是人们日常食用的普通食物,从考古发现来看,汉代长沙国的轪侯夫人辛追经常吃酒酿鸡蛋,并且马王堆汉墓出土的帛书中也有关于酒酿鸡蛋的具体做法。

只是相隔了这么多年,因为地下保存状况不好,我们还不了解这些鸡蛋是什么品种,或者当时的人们还有什么吃鸡蛋的花样,除了酒酿鸡蛋,是不是也跟我们一样也会腌咸蛋或者做荷包蛋呢?

古代的冰箱

冰箱对今天的人来说是再普通不过的家用电器，用它冷却保鲜和冷冻食品，简直是太方便了。尤其是在炎炎夏日，随时喝上一杯冰镇饮料或冰镇啤酒，消暑解渴，十分舒爽。其实，这种冷却保鲜的方法，古人在 2000 多年前就已经掌握，并以此制造出了原始的"冰箱"。

那么，我们是怎么知道古人已经会用"冰箱"了呢？原来，在《周礼》中提到"祭祀供冰鉴"，就是说在祭祀的时候要用"冰鉴"来储存食物，相当于是古代的冰箱了，那这冰鉴又是什么样的呢？

这还得从一次考古发现说起。1978 年，在湖北随县擂鼓墩发现了一座战国早期墓，距今已有 2400 多年的历史，它就是周王朝诸侯国随国的国君曾侯乙的墓。墓中出

曾侯乙墓棺椁全貌及中室出土器物

图片出处：《如果国宝会说话》第一季，第 248 页

土了大量的青铜器，大多数是他生前所用，而且是由他亲自督造的。其中有两件一模一样的方形青铜器尤其引人注目，它是内外双层的，长宽都是 76 厘米，高 63.2 厘米。外部是一个方形的盘，我们称之为"方鉴"，里面是一个方形的大铜壶，我们称之为"方尊缶"，方鉴套在方尊缶的外面，方尊缶的底部有三个长方形的孔，就像是古代建筑技术里的"榫眼"。在这件方形青铜器的上面还放了一把青铜勺子。这样一件组合器物，当时被称作"鉴缶"。

专家们发现，在这两件器物套在一起时，中间还有很大的空隙，这又是为什么呢？通过查找文献和研究实验，专家们认为这就是古籍上记载的"青铜冰鉴"。

原来，它是这样用的：首先在方鉴里装满冬天储存的冰块，再在方尊缶里放上需要存放的食物或酒，合上盖子，不多时"冷饮"就制成了。这就是它最主要的冰镇储藏的功能。不过在使用时还是要有技巧的哦，需要把方尊缶底部的三个榫眼与方鉴底部的三个弯钩扣在一起，这样，青

考古都挖了点啥

082

青铜冰鉴俯视图
湖北随州曾侯乙墓出土

图片出处:《中国考古大发现》, 第 146 页

铜勺子的长度就刚好能稳稳地探到尊缶底部, 就可以顺利
地舀出里面的饮料来了。

　　看到这儿, 不禁想起屈原《招魂》中"挫糟冻饮, 酌清
凉兮"的句子。这里所说的"冻饮", 应该就是从冰鉴里舀
出来的吧。屈原与曾侯所处的时代相近, 相必诗人是见过
这种冰镇饮料的。所以有人将这冰鉴称为世界上最早的冰
箱, 从它冷却的作用上讲, 可以说是名副其实。

　　除此之外, 它还有另外一个额外的功能。冰鉴因为里面装满了冰,还可以散发出冷气,使室内凉爽,可谓是集空调和冰箱功能为一体。您说是不是很精巧? 仔细观看这半人多高的铜冰鉴,精巧的结构,周身装饰的繁复冗杂、精美异常的纹饰,都足以令现代人震撼,它又是一件不可多得的青铜艺术珍宝!

无独有偶,1955 年,在安徽寿县春秋时期的蔡侯墓中也出土了两件青铜冰鉴,可喜的是,上面有铭文,让人们看出了一个故事:在蔡国依附于吴国的时期,当时的吴王光为他的妹妹(或是女儿)制作了这件陪嫁品,它跟随这个女子来到了蔡国,也就是现在的河南上蔡县。不久,蔡国为了离吴国近一些,于是迁到了安徽寿县,这个女子也便随夫

曾侯乙青铜冰鉴侧视图

图片出处:《中国国家博物馆展品中的 100 个故事》,第 68 页

"吴王光"大冰鉴

图片出处：《中国国家博物馆展品中的100个故事》，第59页

来到了这里，并随着蔡侯埋入了地下。那么，人们又是如何判断这也是一件冰鉴呢？原来，同出的还有一件尊缶，鉴内底部有三个圆环，用来与尊缶相连固定，加上还有一件铜勺，这些设备构造跟曾侯乙墓的冰鉴几乎是一样的。另外，还有一件"吴王夫差"鉴，据说出于河南辉县，这吴王夫差可是大名鼎鼎，他是吴王光的儿子，所造的器物也差不太多。1974年河南省三门峡市上村岭村战国墓葬也出土一件类似的青铜鉴。

说到此，不妨再说几句与此相关的话题。2008年北京奥运会，张艺谋执导的开幕式上，有一个2008人击缶的舞蹈节目，用来敲击的"缶"，外观上是与青铜鉴缶非常相似的"鉴"。不得不说的是，这里实际上是用错了，准确地

说, 这个节目应该叫做 "击鉴缶"。也许张导是被曾侯乙青铜鉴缶的造型震憾到了, 为了节目效果也为了感官上的刺激, 才用了鉴缶? 如果真换上了缶, 恐怕还真的敲不出那个效果来呢!

言归正传, 这古人发明的冰镇技术, 一直到了明清时期, 北京城里的皇公贵族也还在使用, 不过人家是用名贵的黄花梨或红木制成的。从外观上看, 是个口大底小的方斗形箱子, 腰部上下箍两周铜箍, 箱子两侧有铜环, 方便搬运。箱口盖两块对拼硬木盖板，箱子外面装饰得十分华丽。不过，它可不单单是外形美观的摆设，在功能设计上是十分精巧科学的。冰箱里面是锡制的，箱底有小孔。两块盖板其中一块固定在箱口上，另一块是活板。每当暑热来临，可将活板取下，箱内放冰块并将时令瓜果或饮料放在上面，随时取用。由于内层是锡制的，冰水不会侵蚀到木质的箱体，反而能从底部的小孔中渗出。除此之外，冰融化时吸收室内的热空气，通过盖上镂空的排气孔调节室温，同样可以起到空调的作用。

看来从东周时期的青铜冰鉴，再到明清时期的木制冰鉴，冰鉴的材质也随着时代的发展而不断改进着。

说了这么多，这些都是贵族们才能享用的奢侈品，过去老百姓都是无权使用这些冰鉴的。不过，老百姓有老百姓的做法，他们身边有天然的大冰箱，那就是水井。他们在水井边用提篮盛上瓜果，然后把篮子系在辘轳上，送下井去，使提篮悬浮于冰凉的井水中。一段时间之后，便能吃到清凉的瓜果饮料了。这种方法就地取材，更经济实用，也不失为一种好方法，直到 20 世纪六七十年代，农村仍然在使用这种方法。现在，快递业务飞速增长的今天，一些需要保鲜运输的物品，在泡沫箱子里面也会塞满冰袋，防止物品融化，也算是一个简易的冰鉴吧。就算是如今家家必备的冰箱，其实原理也是如此，只不过，咱们用了更先进的制冷技术，不需要用冰块制冷了。

青铜冰鉴是中国先民们智慧的结晶，通过它，我们了解了古人藏冰用冰的智慧,不得不感叹人类的创造力。不过说到底,有需求才能刺激人的创造力,今天我们的各式各样便捷的家用电器,不都是应了快捷生活的需要吗?

民间水井

图片出处:商春芳拍摄

炎炎夏日,酷暑难当。不过咱现在有智能家电,等您回到家里,空调早就把室内温度调到最佳,凉凉爽爽的,马上给您去除烦躁,让您气定神闲,那感觉简直就是皇帝般的享受呢!

其实,您比古代的皇帝可要享受多了!为什么这么说呢?给您讲个故事您就明白了。唐代小说《炀帝迷楼记》中有这样一个故事,说隋炀帝杨广有一次吃了方士的仙丹,感到五心烦热,喝了无数的凉水,依然觉得口渴。御医又不敢让皇上喝太多凉水,怎么办呢?赶紧开个药方调治吧,您猜他开的药方是什么?原来啊,他让人在寝宫放上两个大冰盘,让杨广早晚看着它,据说这是治烦燥的一个法宝。依我看,这样做是通过降低环境温度,达到心理治疗的效果,这御医也算是个聪明人。没承想,这个法子还真管用。于是乎,后宫的妃子们为了投皇上所好,都争相去买冰盘,结果一时间京城的冰一下子身价倍增,藏冰的人家都赚大发了。那年月,皇帝要是赏赐给谁一块冰,那不得高兴得晕过去。人家大诗人白居易还真因为诗写得好而得到过皇帝的赐冰,为此他还写了一首《谢赐冰状》,说"饮之栗栗""捧之兢兢",也是诚惶诚恐、手足无措的样子。

看看,古代的皇帝想降温,也只不过是放俩冰盘当人造空调。

后来,人们发现,这冰盘不仅能看,还能吃,这内外一起降温来得好不惬意啊!慢慢地,到了宋元以后,从皇上到市井百姓,都以夏日食冰为乐趣,这一下子全民食冰得需要多少冰啊!

不过,咱们古人那可是绝顶聪明的,他们早就发现了取冰的方法,有多早呢?据说夏代就有了。《诗经》中说过"二之日凿冰冲冲,三之日纳于凌阴"。没错,就是这"凌阴"就是用于藏冰的地方,后来又称作"冰井"或者"冰窖"。老百姓尚且需要藏冰,对于朝廷来说,这凿冰更是头等大事儿,因为当时的祭祀要用肉啊,保鲜是头等大事;而且炎炎夏日,宫中得纳凉吧;天太热,还得适当吃点冰饮料和冰镇食物吧?所以,这采冰的任务可是非常重要的大事呢!于是,在每年天寒地冻的隆冬季节,由礼部、膳部、内宫监、工部、锦衣卫部等部门派人专门去野外,把厚厚的冰凿出来藏到挖好的窖里,然后封门上锁,派军队看守,要一直挨到来年暑天。

那么问题来了，这些古代文献中有关藏冰的记载，是真的吗？从考古发掘到的一些重要的藏冰遗迹看，这些都是历史上真实存在过的。

1976~1977 年，考古工作者在陕西凤翔发掘了春秋时期秦国的都城雍城遗址，在那些大型宫殿遗址附近，发

秦雍城凌阴遗址发掘现场

图片出处：《中国百年百大考古发现》，第 248 页

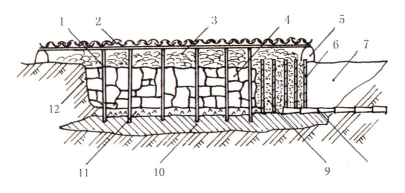

秦都雍城姚家岗宫殿遗址凌阴剖面图

1. 网柱;2. 屋面;3. 草荐;4. 冰块;5. 檐墙;6. 槽门;
7. 入门;8. 排水管;9. 稻糠;10. 夯土层;11. 铺设片岩层;12. 生土层

现了一座特殊的建筑遗址,它的平面大致是方形,长宽在
16~17 米左右,基础部分是用土夯筑的,四边筑有一周厚厚
的土墙,有多厚呢? 竟然达到了 3 米,墙外还有大量的腐
殖质。在这座建筑的中部有一个椭圆形坑穴,而且口小底
大,测量的具体数据是:坑口为 1.4 米 ×6.4 米,坑底为 6.4
米 ×7.35 米。最奇怪的是,在坑底部铺有几十厘米厚的砂
岩,坑西部还有一个向外通的水道,设置有五道槽门。

　　从这些现象和数据看,它绝不是普通的居住建筑,您
发挥一下想像力,猜猜它倒底是干啥用的? 发掘者研究后
认为,这是一座用于藏冰的冰室! 没想到吧? 专家推测,
墙外那厚厚的腐殖质是大量的麦草,厚厚的土墙加上这些
麦草,相当于裹上了厚厚的棉被,可以对热量进行有效的

考古都挖了点啥

阻隔，防止冰块融化。底部那些水道和槽子，就是为了让融化的冰和水能有效地排出去。根据面积计算，这个冰室的藏冰量大约为190立方米。根据记载，这些冰，需要在当年的秋天就开始进行储备，而且要按照用量的三倍进行储备，为什么呢？要留出损耗和融化的量来嘛。从这个建筑的位置看，它是宫殿区的附属建筑，那这个冰室无疑就是为宫廷提供用冰的。从目前的考古资料看，这是发现年代最早的一座冰室。

比它年代稍晚的还有1965年在河南新郑县发现的战国时期韩国都城遗址内发现的冰室。它在西宫殿区的北部，当时人们不知它是干什么用的，就称它为"地下室"。这是个直上直下的长方形竖井，四壁经过夯筑，保存深度为3.4米。在这个地下室的东南角，筑有13级台阶通道，室内散落着不少砖瓦残片。尤为奇特的是，在底部偏东一侧，按照顺序挖有五眼圆井，套有陶井圈，井内出土有不少豆、盆、钵、罐、釜、甑等陶质炊器食器，还有大量猪、牛、羊和鸡

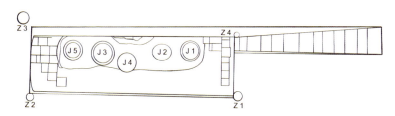

郑韩故城凌阴遗址平面图

图片出处：《中国古代凌阴的发现与研究》，《文博》2019年第一期，李国徽绘

新郑郑韩故城遗址宫殿区发现的"地下室及五眼井"

图片出处:《中国古代凌阴的发现与研究》,《文博》2019 年第一期

的骨骼。有些陶器上刻有一些陶文,诸如"宫厨""左厨""右厨"等。有人认为这就是一处藏冰的凌阴遗址;也有人认为底部的五眼井才是宫廷内的冷藏井。结合陶器上的文字看,这里是专为宫廷储存肉类食品而开凿的。类似的冷藏井在河北易县燕下都、湖北江陵楚都纪南城内也有发现。

新郑冰井发现的同年,中国科学院考古研究所在河南

洛阳汉魏故城内, 发掘了一座圆形建筑遗址, 它位于宫城西北部的一座夯土台上, 直径 4.9 米, 为小砖叠砌的圆桶形, 墙壁残高 3.6 米。底部有铺地砖, 中心有一直径 0.7 米, 深 0.25 米的圆池。底部有 40 个柱洞, 高不足 40 厘米, 是一种柱上承梁, 梁上铺板的做法。显然这也不是居住用的。研究者认为是冰室, 但疑问是, 梁上铺板又是做什么用的

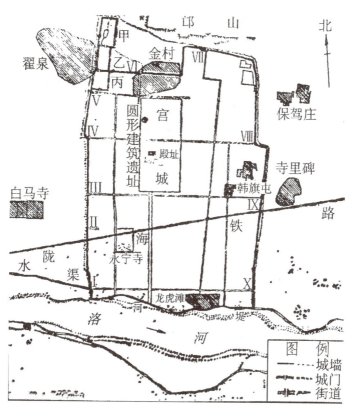

汉魏故城冰室遗址位置示意图

图片出处:《洛阳汉魏故城圆形建筑遗址初探》

呢？有人认为是放置冰块的，冰水融化后可以流入底部的池子中，倒是颇有几分合理性。这样一来就出现了两个问题：这到底是藏冰用的专门设施，还是宫殿内的降温设施，

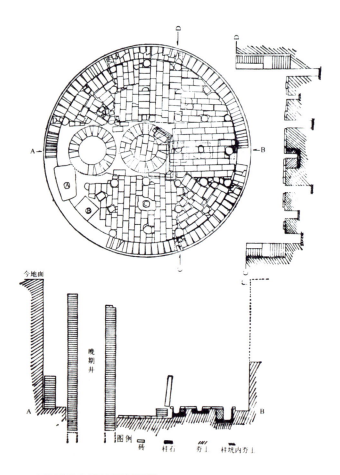

汉魏故城冰室遗址平剖面图

图片出处：《洛阳汉魏故城圆形建筑遗址初探》

考古都挖了点啥

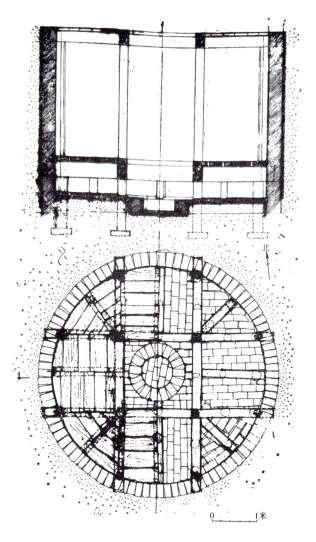

《永乐大典》中绘制的北魏清暑殿冰室平剖面图

图片出处:《洛阳汉魏故城圆形建筑遗址初探》

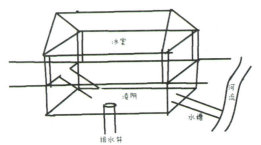

目前还没有定论。

汉代长安长乐宫遗址也发现了汉代的冰室遗址。据说,曹操当年大兴土木营建邺都的时候,曾经建造铜雀台、金虎台、冰井台等三台,它们是邺都建设的一部分。据推测,这种台上有建筑设施,有可能是通过下面藏冰向上散发冷气的管道工程。如果这个冰井台还在的话,希望有一天能通过考古发掘挖出曹魏的冰井来。

说到这儿,咱再附带说说在古代新疆地区的一个考古发现,那是 20 世纪初,英国人斯坦因在新疆考察时发现的。他在编号为 N II 的古代住宅区西边,发现了一处古代冰窖。他是这样描述的:"在一间约 12×9 英尺的小房间中,工人们发现两根杨木,并排半埋于地面之下。我从科里雅带来的向导阿不都拉立即就认出,我们发现了一个冰室(muzkhana)或冰窖。树干通常是用来使冰块不致接触地面。阿不都拉的看法很快就得到了证实,因为在两根树干之间,发现了大约 2 英尺厚的一层杨树叶,这些树叶仍

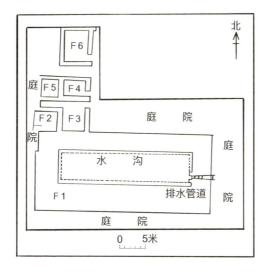

汉代长乐宫凌室遗址平面图

图片出处：《中国考古学：秦汉卷》

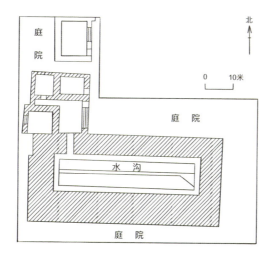

长乐宫凌室遗址平面图

是现今的富裕村民在夏天贮存东西时，常用以盖冰的一种习惯。"看来，在新疆地区，民间老百姓也会用同样的办法来藏冰。

在新疆吐鲁番阿斯塔那78号唐墓出土文书中，也提到过冰井，文书中列举了十一家户主姓名，要求以青稞代钱，买柴一车供冰井使用。这样看来，在吐鲁番地区也建有冰井供富贵人家使用。

近年来，考古工作者在山西陶寺也发现了早期的凌阴建筑，那时代就更早了。

说了这么多，总结下来，古人藏冰，一是为了降低环境温度，相当于人造空调；二是取冰直接食用，制作冷餐饮食，也就是冰厨。

造一个冰井，既可以取冰当空调降温又可以作冰箱冷藏食物，一举两得，在当时条件下，也算是把环境和自然利用到极致了。再就是祭祀的时候各种供品的保鲜。

时代发展到了今天，小到前几年颇为流行的家用空调扇，大到公共场所的中央空调，还有普通老百姓家里的空调，大家都能按照各自的需要，享受到冰凉一夏的感觉，这舒爽的程度，是不是比皇帝还要强上几百倍？

東周时期的起重设备

东周时期就有起重设备吗？考古还真挖出来了！

我们经常说中国是一个农业大国，自古以来我们的农业文明一直占据主导地位，科技相对滞后。那是不是说古人就没有科技发明呢？其实并不是这样的，如果我告诉您，东周时期的人们已经制造出了起重设备来装卸粮食，恐怕会颠覆大多数人的认知。

1973 年前后，考古人员在洛阳市九都西路两侧，发现了 74 个战国时期的地下粮窖。这些粮窖分布在南北长约 400、东西宽约 300 米的范围内，占地约 12 万平方米。这些口大底小的圆形粮窖，分布密集，排列有序，口径和窖深都在 10 米左右。有人推算了一下，像这样一座粮窖大概可以储存 50 万斤粮食。那这一共 74 座粮窖，储粮也是相当可观的。您别忘了，东周时期，洛阳是周天子所在地，论规模、论形制，这里理所当然就是东周王室的粮仓国库！

接下来，考古人员对粮仓区的第 62 号粮窖进行了考古发掘。这座窖口径 11、底径 6.9、深 10 米。在粮窖底部发现了谷糠，在谷糠上面的废弃层内发现了许多陶器、石

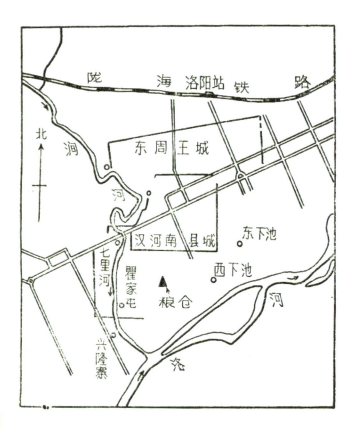

仓窖位置示意图

洛阳市考古研究院提供

考古都挖了点啥

仓窖发掘现场
洛阳市考古研究院提供

仓窖发掘底部
洛阳市考古研究院提供

28 号窖工作照
洛阳市考古研究院提供

28 号窖内第一层草拌泥块
洛阳市考古研究院提供

28 号窖西壁晚期水井
洛阳市考古研究院提供

62 号窖北壁锸痕
洛阳市考古研究院提供

62 号窖铁铲

洛阳市考古研究院提供

62 号窖出土铁耙齿和铁凿

洛阳市考古研究院提供

器、滑轮等。令人惊奇的是,这其中有一套以前从未见过的青铜齿轮构件。发掘者认为,粮窖的使用年代在战国中期。因此,保守地说,这套齿轮构件的使用年代距今约2300 年。

这套青铜齿轮构件由一个齿轮和一个弯弓形的东西组成,这个弯弓形的钩爪正好卡在齿轮上。齿轮一共有 40个斜向的齿,齿距相等,中间有一个方孔,可以用来安装木轴。弯弓形的钩爪一端有一个用来安装圆轴的圆孔。这一套齿轮、钩爪保存完整,两者完全吻合地配搭在一起,显然是一套相当精密的机械零件。

我们知道,早期的齿轮大多用于制动,古人为了使那些作回转运动的机械(譬如辘轳)停下来并防止其滑动。但这个搭配在一起的齿轮应该叫什么,又是做什么用的?

青铜棘轮

图片出处:《古都洛阳》,第 62 页

1994 年发掘的东周王城南部仓窖

洛阳市考古研究院提供

我们的考古人员就不太懂了。后来经过请教机械工程师才知道，这套青铜齿轮，在机械学中叫棘轮、棘爪。两者相配，是机械装置中一个具有制动功能的、相对独立的运动单元，学名叫棘轮机构。这种棘轮机构，是一种适于低速传动的简单的机械构件。其工作原理是：当机械负荷工作时，棘轮沿逆时针方向转动，棘爪在轮背上滑过；间歇时，逆时针转动的棘轮受阻而向顺时针方向回转，回转时被嵌入齿槽的棘爪卡住，由此完成机械的间歇并等待棘轮再次转动。在现代机械装置中，它常用在各种机床和自动机中间歇进给或回转工作台的转位上。比如起重机、千斤顶，还有自行车中的单向驱动，主要用以防止逆转。

说了这么多专业名词，我们终于明白了：这套在粮仓里发现的棘轮装置，棘是说它的齿轮像荆棘一样，轮是说明它是用来传动的。能够用它作传动的，而且出在粮仓里，那不就是装卸粮食时用的东西嘛！

一个储量 50 万斤的粮窖，粮食的装取需要反复进行取料、运移、卸载这些垂直提升和水平搬运工作，古人为了节省人力、节约时间而创造了这样一个机械，用一个棘刺一样的齿轮和一个可以随时可以卡住的爪子配合，绳子从爪子上面的鼻孔穿过，拉起绳子，可以随时升降；放开绳子，棘轮装置就起到了停止保护作用，防止绳子滑落，方便随时装卸。

不得了！这不就相当于说，在战国时期就有了类似现代起重机这种设备吗？可能吗？

2000 多年前的春秋战国时期，诸侯争雄，战争频仍，各地域间的文化碰撞与交融，使社会生产力呈现出快速发展的势头。这一时期，冶铁术产生，铁器开始大量使用。青铜铸造技术中，单模、分模铸造技术进一步提高，出现了精细的错金银镶嵌工艺。金属冶铸技术的发展，为较精密、较复杂构件的制造提供了前提条件，齿轮构件便出现于这样一个多创造多发明的时代。

战国时期著名的自然科学家墨子说："举之则轻，废之则重，非有力也。"意思是说，放在地上的物体本身很重，但提举时它显得很轻，这不是因为提举者的力气很大。古人有了装有棘轮装置的起重机，不就可以举重若轻吗？这说明当时的人们已经掌握了杠杆、斜面、滑轮、齿轮等力学原理，能够制作出用来提举、搬运重物的机械，不能不说是一个伟大的发明啊！

公元前 10 年，古罗马建筑师维特鲁维斯描述了一种起重机械，跟战国时期这种装置原理相似。

2000 多年过去了，附着在齿轮上的绳索已经化为尘土，木质的传动轴也无影无踪，但青铜质地的棘轮与棘爪依然骄傲地坚挺着，它们紧紧咬合在一起，仿佛在向我们无声地讲述着古人的智慧和自己的超凡价值。

2021 年，陕西西安发掘了西汉文帝灞陵的外藏坑，其中也发现了一件青铜制的齿轮，这个齿轮的齿也是反向的，但中间有个"十"字形的装置。从齿轮上看，应该也具有制动性质，但中间那个"十"字形的装置与洛阳东周时

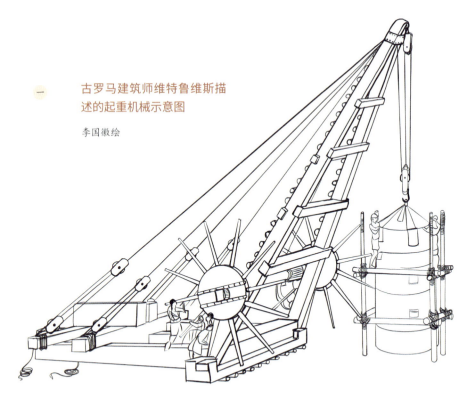

古罗马建筑师维特鲁维斯描述的起重机械示意图

李国徽绘

期的棘轮又有所不同, 考古人员还在研究它的用途。

迄今为止, 洛阳东周粮仓中出土的青铜齿轮构件, 是我国考古所见的年代最早的棘轮构件。这种古老的机械装置, 不仅为中国后世所传承, 也被世界上其他国家所借鉴。例如 18 世纪俄国人列昂契·沙苏连阔夫在自动车上安装的齿轮机构, 英国人古利宾制造的齿轮变速箱, 都是借鉴了中国古老的棘轮构件。如果说, 东周王城出土的齿轮构件, 是世界棘轮机构之父, 是人类机械制造史上的里程碑, 应该也不为过。

考古都挖了点啥

古代天马——天马是一种什么马

有个成语叫"天马行空",是说像天马腾起,在空中飞行一样。比喻气势豪放,不拘一格,流畅自然;也指思维不同寻常的跳跃,或者不切实际的想法。看起来天马的能力超强啊!那么天马是一种什么马?历史上真的有这种马吗?

提到天马,就不得不提中国古代的一本奇书《山海经》,这是一本富于神话色彩的地理书,也是最早记载天马的,它说:"马成之山有兽焉,其壮如白犬而黑头,见人则飞,其名曰天马。"照这个说法,天马是一种神马,它特别壮实,而且能在天上飞。今天咱们看这都是神话,汉代人可不这么想,他们认为天马就是神龙一样的神物,是天神太一赏赐下界的。汉代著名学者王充就曾说过,人们画的龙就是马首蛇尾。放在那个时代,这其实也好理解,当时的升仙思想盛行,《山海经》里天马的神秘属性正好符合那时候人的精神追求,从根本上说,天马是中原农耕民族在自己的期盼中营造的一个神话。

但汉代人并不满足于神话,他们得塑造出具体的形象来。汉代为了对匈奴作战,对马的需求达到了顶峰。史书中有记载,说汉武帝不惜用合亲的办法,他挑选宗室女出嫁到乌孙(也就是今天的新疆伊犁一带),只是为了获取那里的名马。他见到乌孙马后,觉得简直就是"天马"。后来他又得知大宛(今天中亚的费尔干那地区)有神奇的汗血宝马,比乌孙马更加壮实,更是不惜动用武力,两次派将军李广利出兵大宛,随行的队伍中专门配了两名"善相马者"。他们见到大宛马在日行千里之后,"蹄石汗血,血从前膊出",也就是我们常听到的说法,这种马跑起来身体的前面会冒出血色的汗。汉武帝认为大宛马简直就是"天马种"或"天马子",更增加了神奇色彩。得到大宛马之后,他十分高兴,于是就把先前得到的乌孙马更名为"西极",把大宛马叫"天马",并作《西极天马歌》:"天马徕从西极,经万里兮归有德。承灵威兮降外国,涉流沙兮四夷服。"明确指出"天马"的来源就是西域。

其实史书记载反映的正是西汉时期丝绸之路畅通的盛况,还有汉人为了抵抗北方匈奴或其他游牧民族的进攻,而大量获取西域地区良马的社会背景。最近几年,有学者就提出:"汉代丝绸之路更多的标识是马而不是骆驼,两

考古都挖了点啥

110

千多年前的真实状况与现代人们想象的并不一样。"说的都是在这种社会信仰和社会需求之下，汉代人们与马的密切关系，也是比较符合汉代丝绸之路状况的推断。

汉代墓葬中流行用一种宽大的长方形空心砖，非常适合刻印大幅图像。考古发现证实，在汉画像石和汉画像砖中常出现一种独特的神马。在河南洛阳一带出土的汉代画像砖上，神马常常被安排在一株枝叶挺拔的大扶桑树旁边，扶桑树是一种神树，它不仅具有神奇的生殖功能，还具有"食之不老、援之可升仙"的神性。骏马与神树安排在一个画面中，这类马显然不是凡间之物。另外还有一些画像砖上，将神马与朱雀、天鸡刻在一个画面，这些马无缰无

汉画像砖上的天马
洛阳孟津金村出土

图片出处：《古都洛阳》，第 73 页

西汉空心画像砖上的天马

霍宏伟提供

饮马画像石
四川荥经县出土

图片出处:《汉代农业画像砖石》,第99页

鞍,显然是天界的神马。还有武士天马猎雁砖,表现的是武士猎雁的活动。这里的神马都有非常壮硕的身体,四肢有力,有的还刻画有翅膀,好像天上的神物,又能随时飞上天一样。

除了画像砖,最著名的天马形象就是1969年10月甘肃武威东汉灵帝时期张姓将军墓出土的东汉青铜奔马雕塑了,也就是大家熟知的"马踏飞燕"。这个铜奔马的出土,是一个意外的发现。原来,1969年,中国甘肃省原武威县新鲜公社社员在雷台地区挖防空洞时,意外地发现了墓室内的多件铜车马。后来经武威文化馆工作人员上报,由甘肃省博物馆收藏,研究人员按照史料记载来重排列车马队。在车马队的最前统领全军的就是这匹青铜奔马。

　　这个青铜马身高34.5、身长45、宽13厘米，重7.15千克。马的形象矫健俊美，昂首嘶鸣，躯干壮实，四肢修长，腿蹄轻捷，三足腾空，飞驰向前，一足踏飞鸟。飞鸟惊诧地回头观望，雕塑选取的是踩踏瞬间的动作，喻意神速。1971年郭沫若陪同外宾访问兰州，在参观甘肃省博物馆时见到了这件青铜奔马，他被这件文物的艺术魅力所倾倒，说："它是这批文物中的宝中之宝！天马行空，独来独往，就算是拿到世界上，都是第一流的艺术珍品。"郭沫若这段

铜奔马
雷台汉墓出土

图片出处：《甘肃省博物馆》，第164页

铜骑士
武威雷台汉墓出土
图片出处:《甘肃省博物馆》,第175页

铜从骑
武威雷台汉墓出土
图片出处:《甘肃省博物馆》,第173页

话概括了这件铜奔马的形象特征——天马行空、独来独往。近年来,也有学者考证该马所踏的并不是燕子,而是古代传说中的龙雀(即风神),而将其定名为"马超龙雀"。其实天马与龙雀都是天上的神物,这个名称更符合汉代的神仙思想,也与汉代画像砖中天马与各种神物的配置比较一致。1983年10月,铜奔马被国家旅游局确定为中国旅游标志,天马奔驰,象征着蓬勃发展的中国旅游事业。1986年被定为国宝级文物,2002年1月被列入《首批禁止出国(境)展览文物目录》。

当然,西汉时期天马的形象远不止这些,

木马
武威磨嘴子汉墓出土
图片出处:《甘肃省博物馆》,
第163页

陶马俑
洛阳北魏杨机墓出土
图片出处:《洛阳北魏杨机墓出土文物》,
《文物》2007年第11期

1981年陕西省咸阳市汉武帝茂陵出土的国宝级文物"鎏金铜马"也是天马的生动形象,这件"鎏金铜马",通体铜铸鎏金。它昂首挺立的站姿,俊秀雄健的体态,比例匀称的造型,在静穆中蕴含动势,于伫立间显示力量,流畅精练的线条,勾勒出昂然不凡的威武雄姿,被专家们称为是鉴别良马的标准模型。概括起来就是:头小、颈长,胸围宽厚,躯干粗实,四肢修长,臀部圆壮。它的原型就是汉武帝时期经由丝绸之路引进的外来优秀马种——汗血宝马。它是汉武帝极其喜爱的良驹,用它来陪伴左右,应该完全符合他的心愿。

鎏金铜马
陕西兴平市茂陵出土
图片出处：商春芳观展时拍摄

不过，您如果去汉武帝茂陵的话，就会发现那里的马更趋向凡间的马，几乎没有了神仙符号。这又是为什么呢？这是因为当时的汉朝统治者通过纳贡、互市等手段大力引进西域和中亚地区的优良马种，对中原地区原有的马种进行了改良，这些来自西域的良驹使汉马日益强壮，此后"天马"便成为改良马的代名词了，张衡《东京赋》中所说的"天马半汉"，反映的都是这一状况。它们既是汉代养马业兴盛的体现和汉代马文化发达的见证，也是大汉帝国时代精神的缩影。从西汉到东汉各地出土的各种类型的马，都有不

昭陵六骏之飒露紫

图片出处:《重现中国考古一百年》,第 405 页

雀金绣作品胡人呈马图

图片出处:商春芳拍摄

少具有天马形貌的佳作，甚至还有天马纹铜镜。

此后一直到南朝时期的画像砖中战马的形象都沿续了这种标准。到了唐代，还有著名的昭陵六骏，以及作为表演用的舞马等等。仔细观察，它们的刻画也都没有脱离汉代天马的模样。

今天，这些优良的马种在内地已经不见了，据说，现在新疆的伊犁马还有汉代汗血马的血统，但相貌已经相差很大了。前几年，土库曼斯坦赠送中国的阿哈尔捷金马，也是最纯的汗血宝马，它是该国的国宝。

最后，再说点题外话，大家都知道汗血宝马是难得的好马，那么经过相马官的挑选以后的汗血宝马，如何认证呢？古人有办法，用的是"烙马印"，用它打上记号的马就

胡人呈马图

现代的阿哈捷金马　　　　　金色的汗血宝马

图片出处:《这才是丝绸之路》,第 66 页　图片出处:《这才是丝绸之路》,第 387 页

是经过官方认证的良马,所以,烙马印都是官印,在我国考古发现得非常少。现在全世界加起来也仅有 7 件:上海博物馆有两件,故宫博物院有两件,日本有两件,西北大学博物馆有一件。其中西北大学博物馆里藏的是一件"汗赭"烙马印,这件铁质烙马印,印长 11.4、宽 6.7、高 3.2 厘米,长方形印面铸有"汗赭"二字,也就是"天马"族属的一个印章。文物专家认为,它是迄今为止全国唯一的"汗血宝马"铁烙马印。

　　原来,从西域引进汗血宝马也不是随便说说的,得有个官方认定才行!

　　今天,在内蒙古和新疆天山南部地区还有"烙马印"的风俗,在一年一度的草原文化节上,这还是一个非常精彩的节目呢!

考古都挖了点啥

马王堆汉墓——辛追夫人的养生秘方

在湖南省长沙市东郊五里碑附近有一处土丘，当地人称"马王堆"。1972年7月30日，离马王堆不远的一家部队医院选择了地势高亢的两座土丘开挖防空洞。谁成想竟挖出了三座古墓，经过中国科学院考古所和湖南省博物馆考古人员的发掘确认，它们是长沙丞相軑侯利苍的家族墓地，分别是軑侯利苍、軑侯夫人辛追和他们的儿子利豨的墓。更为震惊的是，考古人员在其中一号墓中发现了一具女尸，从而证实了一号墓就是长沙丞相軑侯利苍夫人辛追的墓！

据说，当时考古人员小心翼翼地掀开深埋于地下的26张竹席，在覆盖着两道质地精良的丝帛的内棺中，发现了这具保存完好的女尸。这在当时成了一个震惊中国的20

辛追墓发掘现场

图片出处:《长沙马王堆汉墓陈列》

世纪重大考古发现。

这具历经 2000 多年不腐的女尸一出土便受到国内外科技界的广泛关注,被认为是"创造了世界尸体保存记录中的奇迹",为世界医学提供了独一无二的范本。经医学专家临床检验,老太太全身都是宝贝:结缔组织、肌肉组织和软骨等细微结构保存完好,全身有柔软的弹性,皮肤细密而滑腻,部分关节可以转动,甚至手足上的纹路也清晰可见。经过科研人员的复原,人们发现,辛追夫人生前应该是个非常漂亮的美人,即使到了晚年也保养得非常好,科学家们认为她在晚年仍旧皮下脂肪丰满，无高度衰老迹象。2000多年后的人们眼中，她依然是"东方睡美人"。

　　大家一定好奇了，这位"东方睡美人"生前是怎么保养的，从她的墓中能不能发现什么秘密？

　　考古人员还真没让咱们失望，他们从墓里出土的食品种类和几百枚竹简、帛书中，还真的发现了辛追夫人的养生秘密。

　　先说辛追墓中出土的食品种类，用异常丰富说毫不为过。粮食、肉食、蔬菜、水果齐备，可谓五谷杂粮一应俱全。有装在麻布袋里的稻谷、麦、黍、豆等农作物；还有放在漆器内那些烹调成熟的畜禽肉类；漆鼎中还盛放了各种汤羹；陶器内分别装着酒类及各种酱料和调味品；还有不少应时瓜果，藕、桃等果蔬出土时仍新鲜如初。

马王堆汉墓外景

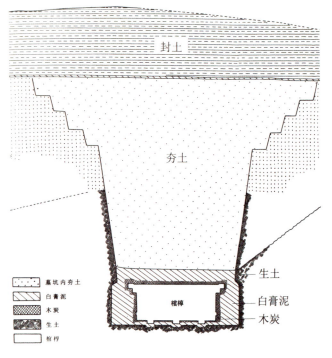

封土

夯土

生土

白膏泥

木炭

墓坑内夯土
白膏泥
木炭
生土
棺椁

棺椁

辛追墓剖面图

图片出处：《长沙马王堆汉墓陈列》

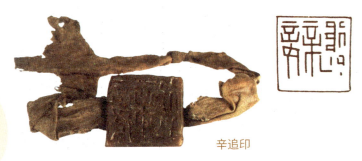

辛追印

图片出处：《长沙马王堆汉墓陈列》

考古都挖了点啥

要说这轪侯家族的富裕那是自不必说的，但可贵的是人家这既有"五谷""五果"，又有"五畜""五菜"的，简直就是一个搭配合理的营养膳食大全啊！可见人家生前平时的营养很全面。

不仅如此，人家轪侯家还很注重医学养生。在辛追夫人的儿子利豨墓中出土一套帛书《养生方》，里面收录了80多个医方，堪称迄今为止最古老的养生学专科文献，这里面大多数是防治衰老、增进体力、滋阴、美容黑发的方剂。其中有一个酒酿鸡蛋的美容秘方是这样写的："麦卵：有恒以旦，毁鸡卵入酒中，前饮一，明饮二，明饮三；又更饮一，明饮二，明饮三，如此尽卅（xì）二卵，令人强益色美。"

马王堆汉墓出土的部分食物

图片出处：《长沙马王堆汉墓陈列》

利苍墓发掘现场

图片出处:《长沙马王堆汉墓陈列》

　　不知您听懂了没,我给您简单解释一下,这"酒"指的是大米酿制的酒,因为在西汉时期只有粮食酿造酒,还没有蒸馏酒呢。这"鸡卵"指的是鸡蛋。这个方剂的使用方法很别致:它要求每天早上准备酒和鸡蛋,把鸡蛋打入酒中,第一天吃一个鸡蛋,第二天两个,第三天三个,第四天又吃一个,第五天两个,第六天三个……如此循环往复,三天为一个周期,一直到吃完四十二个鸡蛋为止。这样吃下来,能

考古都挖了点啥

让您身体机能得到振奋，体格强健，还能肤润貌美。

在马王堆另一个帛书的《杂疗方》中也有将酒与鸡蛋同饮的另一种更详细的记载："益内利中：取淳酒半杯，温之勿热，毁鸡卵，注汁酒中，挠，饮之。恒以旦未食时饮之。始饮，饮一卵，明日饮二卵，明日饮三卵；其明日复饮二卵，明日饮一卵，恒到三卵而却，却到一卵复益，恒以八月、二月始服，……服之二时，使人面不焦，口唇不干，利中益内。"

这说的是取半杯温酒，不能太热，然后打入一个生鸡蛋，搅和在一起，在早晨前饮用。三天为一个周期。第一天一个，第二天两个，第三天三个，第四天开始递减，减至一个的时候，再递增至三个，如此循环。在每年的八月和二

利苍墓开棺现场

图片出处：《中国百年百大考古发现》，第289页

利苍墓提取文物

图片出处：《中国百年百大考古
发现》，第289页

辛追墓出土陶壶内有酒类沉淀

图片出处：《长沙马王堆汉墓陈列》

辛追墓出土锡涂陶壶内有酒类沉淀

图片出处：《长沙马王堆汉墓陈列》

月服用，如此这般，在这两个季节就会使人面色滋润、口唇有光泽，补中益气。

马王堆帛书在食疗和杂疗方这两个地方都记载了这个食谱，看来，这轪侯家对米酒鸡蛋情有独钟啊！难道说这就是辛追夫人的美容养颜秘方吗？这酒酿鸡蛋真有这么神奇？

您还别说，经过现代营养学研究，常吃酒酿鸡蛋还真有一定的科学道理。一方面，由大米酿造而成的米酒有活血的功效，长期坚持服用，气血充盈，自然皮肤就会显得透亮；另一方面，鸡蛋是优质蛋白质，补充充足能增强体质，还能有效补充皮肤的胶原蛋白，二者结合，就能起

考古都挖了点啥

漆耳杯出土时的情形

图片出处：《长沙马王堆汉墓陈列》

到很好的护肤效果。

　　这么一分析，人家还懂得医学养生、适时保养呢！我都想赶紧回去试试了。

　　不过，辛追夫人的养生秘方应该不止这个米酒鸡蛋，她常吃的还有一道美食，也不简单呢。

辛追墓出土漆耳杯

图片出处：《长沙马王堆汉墓陈列》

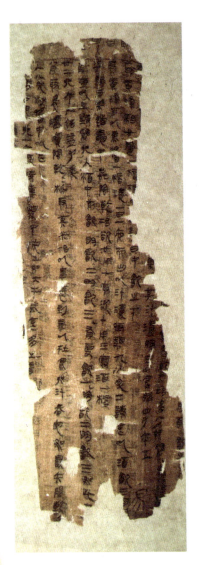

记载有酒酿鸡蛋的帛书
辛追墓出土

图片出处：《长沙马王堆汉墓陈列》

原来，考古人员在清理辛追墓时发现了一个漆器鼎，当专家把它掀开的那一刻，眼前的一幕让人万分诧异，里面放着的竟然是做好的藕片汤。虽然在地下沉寂了2000多年，汤里面漂浮着的藕片仍然能够清晰可见。

这藕片汤又有什么讲究呢？用现代医学解释，莲藕，口感微甜而脆，鲜藕除了含有大量的碳水化合物外，蛋白质和各种维生素及矿物质的含量也很丰富；它的药用价值相当高，根叶、花须和果实，都可滋补入药。藕片可生食也可做菜：生食能清热润肺，凉血行瘀；熟食可健脾开胃，止泻固精。老年人常吃藕，可以调中开

装有藕片的鼎
辛追墓出土

图片出处:《长沙马王堆
汉墓陈列》

胃,益血补髓,安神健脑,具有延年益寿之功效。

不用问,这藕片汤也是辛追夫人的最爱啊! 原来, 人家轪侯家除了营养全面、适时保养之外,还很注重科学搭配呢。

您可能会说了,这都是很简单的食物啊! 可您别忘了,它出现在 2200 多年前的西汉时期,辛追夫人这样的贵族女子已经开始关注食疗养生了,并且营养全面、医学养生和适时保养、搭配科学,这当然与当时追求升仙得道、长生不老的社会风气有关,但让我惊叹的是,能够持之以恒地坚持,这不能不说是很值得称奇的事情。

不信,您也回去试试,看看您能不能坚持吃四十二天一个疗程的酒酿鸡蛋? 古人有养生地观念,难能可贵,对我们有好处,但我们不可迷信,根据个人实际情况,听从医生的建议,科学养生。

马王堆汉墓——辛追夫人的保健药枕

辛追是西汉初期长沙国丞相轪侯利苍的夫人，在她的墓里发现的许多文物都跟养生保健有关。比如今天咱们要讲的保健药枕。

说 2000 多年前就有保健药枕，可能听起来有点让人难以置信，但它的确是真实存在的。辛追夫人墓里出土的这个保健药枕，不是陪葬品，而是辛追夫人生前使用过的实用品，发现时还保存完好。

药枕的外形是一个长方体，长 45、宽 10.5、高 12 厘米。出土的遣册上记录的名字是"绣枕"。它的外面是一个枕套，用的是精美的高级丝绸，上面的各种图案都是手工绣制的，并且这个长方体药枕枕套的六个面分别用了三种不同的绣法：上下两面绣的是鲜艳美丽的茱萸纹，被发掘者

长寿绣药枕

图片出处:《长沙马王堆汉墓陈列》

乘云绣枕巾

图片出处:《长沙马王堆汉墓陈列》

称作"茱萸纹"锦;左右两端用的是绒圈锦,用绒毛棉缝合;前后两侧是"长寿绣"。光看看这些名字就够让人眼花缭乱的。只是这样一个枕套,不知道当时的绣工,得绣多长时间

长寿绣锦
马王堆汉墓出土

图片出处:《长沙马王堆汉墓陈列》

才能完成。

这么精美的绣枕，平时用的时候当然不会是直接头枕上去的，上面还盖着一个枕巾，长 87.5、宽 65 厘米。枕巾是双层的，里层是素绢，外层图案是"乘云绣"，周围镶着几何纹的绒圈锦和淡黄色绢，遣册上记录的名字是"乘云绣枕巾"。

枕巾和枕套都介绍完了，这么一对照，"绣枕"的名称还真名副其实，这就是个标准的"绣花枕头"。

问题来了，遣册里记的是"绣枕"，那我们凭什么说它是保健药枕呢？据发掘者说，药枕实物出土时，精致美丽，虽然穿越了 2000 多年的时空，依然闪烁着美丽的光彩。

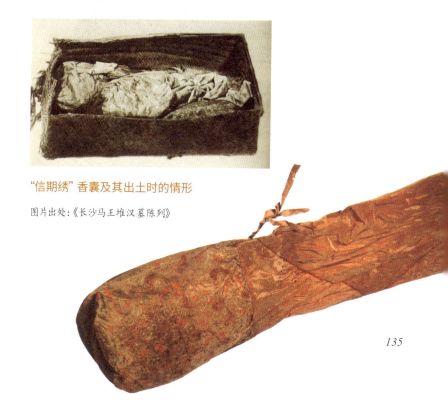

"信期绣"香囊及其出土时的情形

图片出处：《长沙马王堆汉墓陈列》

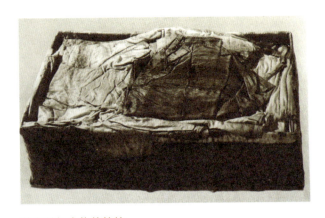

装有丝织衣物的竹笥

图片出处:《长沙马王堆汉墓陈列》

装有丝织衣料的竹笥

图片出处:《长沙马王堆汉墓陈列》

用手将枕头轻轻一按,还能感觉到稍稍有点弹性。原来,枕芯是用草填装的,但专家们发现它可不是一般的草,经过研究考证,最后确定,这是一味可入药的香草,叫佩兰。佩兰，也许你没有听说过，但是《诗经》你一定听说过吧，《诗经》里描写过男女手拿兰草祈求吉祥的情景，这里的兰草，又叫香兰草、大泽兰，就是我们说的佩兰。您一定知道屈原吧，屈原的《九歌》中有："君佩兰兮女戴萝"，这里的"佩兰"说的也是这种兰草。还有西汉文学家司马相如的文学名著《长门赋》在讲到汉武帝陈皇后用的药枕时，提到了许多植物的名字，其中有芬、若、荃、兰，这里的"兰"也是指的佩兰。

　　古人那么喜欢用佩兰，那它究竟有什么特殊之处？现代植物学上是这样介绍的：佩兰是菊科的香草植物，含有芳香性挥发油，功能是芳香化湿、醒脾开胃、发表解暑。原

佩兰

图片出处：《长沙马王堆汉墓陈列》

马王堆汉墓——辛追夫人的保健药枕

来，它不仅样子好看，关键是功能强大。中医认为，佩兰有着金水清冽的气味，气味强烈到仿佛有火，其实它是属于寒性的。佩兰的叶子能够散发陈积太久的郁气，这种散发郁气的功能很强，入药时用水煎煮使用。它的医药功能是，解暑化湿，可以治疗头晕、胸痞、呕吐及水湿内阻等病。这样看来，不论从现代药物研究还是中医理论看来，佩兰都是一味珍贵、良效的药材。司马相如生活的时代比辛追夫人稍晚，说明两千多年前的皇室贵族，确实有使用这种药枕的风气。

《黄帝内经》中说它还可以消胆痹。从辛追尸体解剖研究得知，她生前患有胆结石。咱们现在人都知道，这种病一旦结石堵塞胆管，会导致人体的胆汁得不到补充，就会出现潮热口苦等现象，中医称为"胆痹"。佩兰能凉解胆痹，这正好与辛追得的疾病相关，辛追药枕装的佩兰原来就是对症下药啊！这种有意行为说明辛追确实是一个很注重保养、懂得从各方面养生的贵妇人，怪不得到了50多岁，依旧皮肤光滑细腻，看来平时的保养很重要！

其实，从中医角度讲，药枕疗法在我国具有悠久的历史。晋代葛洪《肘后备急方》中有用蒸大豆装枕头治失眠的记载；唐代孙思邈、明代李时珍、清代刘灏都记述过各类药枕的临床应用；中国古代佛家和道家也都有卧药枕的传统。据说唐代义净和尚用的就是僧侣们常用的一种药枕——枕囊，它是用布缝的袋子，里面填上毛麻、棉絮和软叶、干苔、决明子、麻豆等各种药物。这种枕囊睡觉时柔软舒适，里面的药物又可以起到明目的功效。南宋诗人陆游一生也酷爱药枕，他活到85岁，还为药枕留下了大量诗篇。

这些都是文字信息，要说能看到的实物，还得说辛追夫人的药枕时代最早，这可是全世界发现最早的保健药枕，它陪着辛追在地底下沉睡了两千多年呢！

现在满大街都能见到各种保健药枕，对于它的疗效，有人可能不太相信，这保健药枕是不是真有保健功能呢？要说全没有道理，也不尽然，您想啊，咱们在睡眠时，以香药为枕，头温能把药香缓慢地蒸发出来，挥发出来的香味萦绕头部，被口鼻吸入，可以起到良好的调理身心的作用。这其实也是现代称为芳香疗法的一种，我们现在的各种精油香熏也是同样的道理，只不过现代人给它换上了各种包装，又用华丽的词藻把那些看起来头头是道的道理灌输给你，才让你深信不疑的。再说了，古人都用了2000多年的保健药枕了，咱也没理由全盘否定吧。

话说回来了，人的一生中，大约有1/3的时间花在睡觉上，枕头是我们最亲密的伙伴，咱们可得好好对待呢！古人都知道用药枕进行保健，何况咱们压力那么大的现代人呢？商店里有卖各种药枕的，但不一定都对您的症，有空了，不妨自己动手也照方下药，做个保健药枕，既实用又保健，何乐而不为呢？有条件了，您也参考着辛追夫人的保健药枕，做一个既华丽精致又结实耐用的枕头套和枕巾，天天陪着您，也是一件高兴事儿呢。

马王堆汉墓——
辛追夫人的素纱单衣

　　长沙马王堆汉墓一号墓的墓主人辛追是西汉初期长沙国丞相轪 (dài) 侯利苍的夫人，在她的墓葬中出土了许多珍贵文物，今天要讲的是她的墓里出土的两件全世界最轻的素纱单衣。

　　素纱是我国古代丝绸中出现得最早的一种织物，它的特点是纤细、稀疏方孔，是一种十分轻盈的平纹丝织物。又轻又薄的这种丝织物是怎么被发现的呢？原来，在辛追夫人墓的西边厢衣物库中有一个竹箱子，里面叠放了满满一大箱子辛追夫人的衣物。里面有绵袍、单衣、裙子，还有袜子。层层叠叠中，就有这两件素纱单衣。一件曲裾、一件直裾。直裾是指衣服的下摆部份剪裁为垂直的，类似早年间的大襟衣服。曲裾是指衣服几经转折，绕到臀部，然后用绸

两种素纱单衣
辛追夫人墓出土

图片出处:《长沙马王堆汉墓陈列》,第 219 页

带束起来。

这两件素纱单衣到底有什么神奇之处呢？

乍一看，样式很简单，就是一个薄薄的单衣，左边的领子压住右边的领子，是典型的汉民族服装样式。但令人不可思议的是，专家们说，这两件薄薄的单衣，竟然占据了丝绸织物的几个世界之最。

首先，它们是世界上最轻的织物。经过检测，这两件衣服的重量都不超过一两。一件直裾素纱单衣重 49 克，长 128 厘米；另一件曲裾素纱单衣重 48 克，长 160 厘米。如果把它展开来看，那个轻盈状态简直可以说是"薄如蝉翼""轻若烟雾，举之若无"。以大家平时所穿的衬衫为例，一般重 300~500 克，也就是说得 6~10 件素纱单衣才能抵得上一件衬衫的重量。

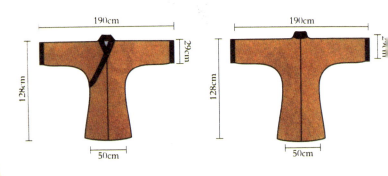

直裾素纱单衣形制图
辛追夫人墓出土素纱单衣

图片出处：《长沙马王堆汉墓陈列》，第 219 页

其次，它是世界上最薄的织物。经过检测，这两件素纱单衣，每平方米纱料仅重 15.4 克，一根长 900 米的单丝仅重 1 克。素纱单衣的透光度约 75%，有人做过试验，把它折叠 10 层，隔着看报纸上的字，还是清清楚楚的。为什么会这样呢，其中一个重要原因是它的经纬密度比较稀疏，素纱单衣纱料的经密度约每厘米 58 根至 64 根，纬密度每厘米 40 根至 50 根，所以透光。

它有世界上最细的纤维。经测定，素纱单衣的蚕丝纤

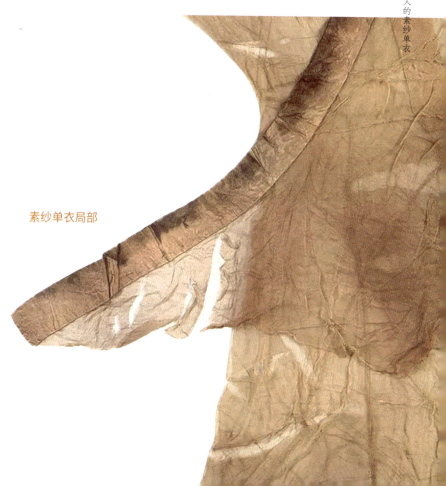

素纱单衣局部

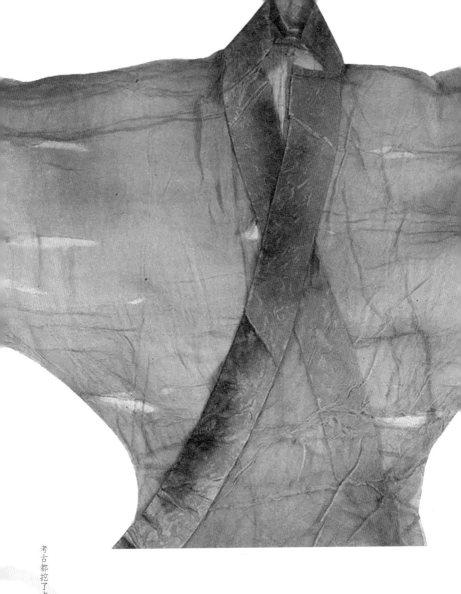

维细度比如今常用的蚕丝更细。素纱单衣的蚕丝纤维细度只有 10.2~11.3 旦尼尔，现在生产的高级丝织物纤维细度为 14 旦尼尔。旦尼尔是纺织学上衡量织物纤维粗细的专

世纪时中国养蚕场景的描绘

图片出处:《十件古物中的丝路文明史》,第 194 页

用计量单位,它代表 9000 米长的纤维的重量克数。因此,旦尼尔数越小,纤维越细。10 个旦尼尔左右的丝,折算一下,1000 米长的一根丝大约只有 1 克重。而我们今天的普通丝绸制品,单根丝的纤度一般是 20 旦尼尔,相差了几乎一倍。这样细的丝,自然比头发丝还要细。说到这儿,咱们得说说细这个字,这个汉字的造字本义,就是形容丝线微小。这个字的篆文左边是个绞丝旁,右边是一粒蚕茧抽出了一根蚕丝,非常形象。可见,蚕丝是古代当之无愧最细的纤维。所以织出的织物才能更轻薄,有多薄?有人试验过,

把它折叠后，居然放进了一个小小的火柴盒子里。

　　这两件轻薄的素纱单衣，让世界叹为观止！当年，张骞代表大汉王朝出使西域时，携带的大批物资中，有"金币帛直数千巨万"，这里的"帛"就是丝绸，这也是第一次有文字记载的在丝绸之路上出现的大批量丝绸。那么，张骞带去的丝绸是什么样的呢？有没有可能就是这一种呢？我们来看看，辛追夫人生于秦始皇五年也就是公元前217年，死于汉文帝十二年即公元前168年。张骞出使西域的时间是公元前119年，也就是说，辛追夫人生活的年代比张骞出使西域还要早几十年，这两件素纱单衣的织造水平完全可以代表西汉时期纺织技术的巅峰，那么张骞携带的丝绸里完全有可能有这样的丝绸织物。

　　说了这么多，爱美的女士是不是有个疑问：如此轻薄

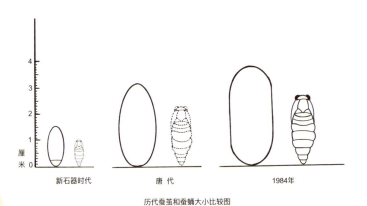

历代蚕茧和蚕蛹大小比较图

不同时期蚕种变化图

李国徽绘

工人在拣选蚕茧

图片出处：《丝绸之路 2000 年》，第 23 页

民间缫土丝

图片出处：《中国蚕桑技艺的未来》，《中国文化遗产》2011 年第 3 期，第 66 页

飘逸的衣服，古人是如何穿的呢？目前，多数学者认为这两件素纱单衣是穿在锦绣衣服外面的，既可增添华丽感，又能产生若隐若现的朦胧美感；但也有学者认为它是当作内衣穿的。参照当今女性的服装审美看，我更倾向于作为外衣穿的，类似今天的外搭。相信当时的辛追夫人穿上它，一定是裙带生风、飘飘若仙。

素纱单衣因为深埋地下2000多年，出土后环境骤变，加速了纤维分子链的断裂，纤维的强度大幅降低；再加上长年展览、光照、氧气等因素也加速了纤维的老化。无论从文物保管、开放陈列还是文化传承等方面综合考虑，仿制素纱单衣工作便被提上日程。

复制品的制作团队是南京云锦研究所，起初他们认为，与西汉同时期的羽毛贴花绢、印花敷彩纱等织物相比，素纱单衣的整体制作工艺更简单，因为除了织造就是简单的缝纫。然而，看上去简单的事情做起来却极其难，织造的第一步选料就遇到了难题。原来，西汉人使用的三眠蚕丝纤度为10.2~11.3旦尼尔，现代人培育的四眠蚕丝纤度却有14旦尼尔。这是因为当代蚕宝宝比2000年前的要胖。当代的家蚕经过几千年的驯养进化，有一个指头那么粗，然而2000多年前的蚕才一根火柴棍那么粗，差别太大了！如何让宝宝蚕回到2000多年前，可让他们费尽了心思。他们找到了镇江一家蚕桑机构配合，最后决定让蚕宝宝减肥！这不是开玩笑，经过实验后，他们竟然真的发明了一种药，在给蚕控制温湿度的同时，也给它适度吃些这种"减

辛追像复原

肥药"，就可以让蚕变瘦。几年后，终于养出了类似2000多年前的瘦型蚕宝宝。这批蚕宝宝的蚕丝纤度为11旦尼尔，已经非常接近西汉时期的了。

蚕培养出来了，后面的工作每一步都还需要研究、摸索、尝试，不断地通过数据和实物钻研，推演古人的纺织技艺，无数次失败后再反复试验，真可谓"步步惊心"。正是这种追求极致的匠人之心与力求步步贴近古人的制造工艺，才使得素纱单衣被完美复原。这"高仿"素纱单衣的仿制工作历时近两年，复制成的单衣重量为49.5克，比原件重0.5克。1990年，当复制成功的素纱单衣浮现在世人面前的时候，人们简直不敢相信，世界上还有这样的工艺。

辛追夫人墓出土的素纱单衣，是西汉时期的时尚高贵的丝绸服饰，也是中国对世界的杰出贡献。今天，看到它的人们，也会惊叹一声：低调奢华有内涵！

汉代陶楼——汉代是如何建高层建筑的

如今的大都市里，人越来越多，居民楼更是越盖越高，从十几层到三十几层，城市几乎成了混凝土森林。不少人感慨：这都是跟西方学来的。但如果我告诉您，汉代人已经会建高层建筑了，您会不会感到惊奇呢？当然，我说的高层建筑指的是中国传统的木结构建筑，与现代的钢筋混凝土是两码事儿。

凡是去过博物馆的人，都会见到汉墓中出土的陶楼模型，或者是汉代画像石上的楼阁建筑图像，它们大多在两层以上，最高的可以达到七层。

在现代人看来，这能叫高层建筑吗？顶多也就是个多层吧。您别忘了，古人从洞穴中走出来，在距今1万到4000年，整个新石器时代，大约有6000多年时间，一直住

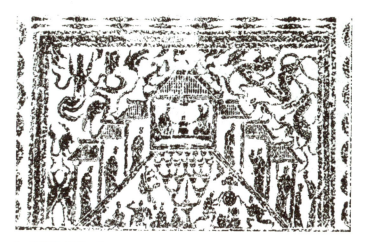

汉代楼阁亭榭画像
江苏铜山县发现

图片出处:《中国古代物质文化史•绘画墓葬编》,第142页

画像石中的楼阁
江苏睢宁墓山一号墓

图片出处:《中国古代物质文化史•绘画墓葬编》,第140页

三层楼阁
山东费县潘家疃画像石

图片出处:《中国古代物质文化史·绘画墓葬编》,
第140页

东汉三层楼阁
山东费县垛庄镇潘家疃出土

图片出处:《中国古代物质文化史·绘画墓葬编》,
第124页

考古都挖了点啥

的都是半地穴房子。这种一半地上一半地下、土木结合的民居过渡到完全建在地面上的木结构民居,这中间又经历了大约2000年的时间,到了距今4000年左右的夏代,才开始在地面起高台建房子,这时期的高台建筑已经是人类建筑史上的巨大进步了。因为这需要建筑技术的不断改进和新建筑工具的发明,当然还要有经济基础。

从建筑单层木结构建到建筑两层以上的楼阁,大概又经历了3000多年的时间。这期间,最关键的技术难题在

墓中的楼阁
山东沂南东汉画像石

图片出处:《中国古代物质文化史·绘画墓葬编》,第126页

于上下层梁枋与立柱之间的构架方式怎么解决。在2000多年前的古代,对建筑技术的要求不亚于建设今天的摩天大楼!

还是让我们从考古发现中看看汉代人是如何解决"高层建筑"难题的。

我们知道,在农村建民房或者私人建别墅的时候,如果往上起高楼,上层一般都会小于下层(只有南方的骑楼是上层大于下层的结构,这是由当地多雨的气候决定的),这是建筑的支撑结构决定的。在现代建筑学上称为"叠柱",意思是在二层以上的楼房建筑中,上层柱子的轴线比下层的略向后退，这样就可以保证楼房的稳定。这在今天很容易理解。从出土的文物上看，2000多年前的汉代已经运用了这种建筑技术。比如山东费县垛庄镇潘家疃发现东汉画像中的三层楼阁，江苏铜山县汉王乡东沿村东汉永平四年（61年）的两层楼阁，江苏徐州睢宁县墓山一号墓前室发现的三层楼阁等，它们都是采用了这种"叠柱"的形

画像石中的楼阁
四川成都曹家包墓

图片出处：《中国古代物质文化史·绘画墓葬编》，第140页

式，从画面上可以清晰地看出这种层层缩小的样式。不光如此，这种楼阁还是多边形的，各层大小依次递减，整体呈宝塔形状，跟后来的佛塔颇有几分相似。在最下层还刻画有许多人物，或是歌舞或是嬉戏，我们权且称它为观景式楼阁吧！其实从建筑技术上来说，后世的佛塔，不管它有多少层，都是在汉代这种建筑的基础上发展而来的，单单这梁柱技术，就解决了多层建筑的层层叠加问题。这样一说，汉代人是不是很牛？

还有一种更牛的观景楼阁，类似今天的亭榭，是当时人们垂钓、娱乐的休闲场所。在江苏铜山县发现的汉代楼阁亭榭画像石上就描绘了这样一个高高的亭榭，它是利用斗拱或斗拱和梯的组合作为支撑结构，最下面有立柱承托，然后层层组合承托，举高直上，高耸悬空。这种超乎寻常的构造设计，像天梯一样，将亭榭送入云端。从画面的描绘看，就觉得这种建筑看起来很险很陡的样子。建筑学家们分析说，这种创造性的举高悬空结构，重心过高，而且缺乏垂直方向的结构支撑，稳定性不足，实践难度很大。但人家汉代人愣是建成了，你不服都不行。

除了这种观景式楼阁，汉代出土最多的要数陶仓楼建筑模型，也就是当时人们用来储存粮食的仓楼。要说这粮食都得盖高楼来储存，那得多富裕的人家啊！今天看它们，都是按比例缩小的建筑模型，可以很直观地表现汉代建筑的形制和建造技巧。这些陶仓楼与人物俑、陶狗、猪圈等组合在一起，充满人间烟火气，真实还原了古代庄园经

汉代陶楼
偃师汤泉出土
图片出处：《古都洛阳》，
第84页

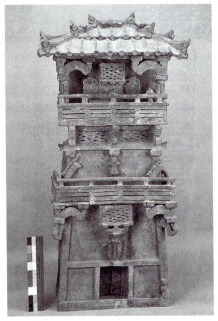

陶楼
成都发现
图片出处：《由图入史》，
第82页

考古都挖了点啥

156

陶仓楼
2008 年焦作李河墓区出土
焦作博物馆藏

图片出处:《年方六千》,第 97 页

陶仓楼
河南焦作马村西汉墓出土

图片出处:霍宏伟提供

济的场景。

　　汉代人建的这些仓楼又使用了哪些建筑技术呢? 从出土的陶仓楼上,还是可以清晰分辨出来的,因为这里面涉及许多建筑名词,要说明白很不容易,咱们就举个例子简单说一下。2008 年,焦作山阳故城北 500 多米处的李河墓群中,出土了一件东汉七层连阁式彩绘陶仓楼。楼体通高 1.85、宽 1.62 米,它不是一个单体的楼阁,而是由院落、主楼、附楼和空中阁道四部分组成,仓楼的楼层正面各层开有门洞或窗户。在门窗、回廊周围还雕刻有各种彩色的几何纹,称得上是雕梁画栋。它使用了平坐结构和斗拱的承托技术，这些专有名词说起来拗口，简单说就是设计了暗层，它是层与层之间的过渡层，在这个过渡层或者斗拱外面还装饰有腰檐，设计得非常精巧。从外观上看，增加了多变性；从建筑角度上讲，却是增加了不少难度。还有个问题，这么高的楼，楼梯建哪儿呢？从描绘的图像看，楼梯有建在楼内和楼外两种情况，楼梯数量有一道和两道。陶仓楼最妙之处，是它在主、附楼之间还会架设一个空中通道，类似今天的"过街楼"或"过街天桥"，将一座座高层楼阁连接起来，形成了巍峨壮观的建筑群。整个造型设计精

汉代陶楼院
甘肃武威出土

图片出处：《甘肃省博物馆》，
第 181 页

汉代绿釉陶楼
美国宾夕法尼亚大学藏
霍宏伟拍摄

巧,结构复杂,令人赞叹。

此外,汉墓中还出土有在此基础上发展出来的其他高层建筑类型,比如担负警戒、储物等功能的陶望楼和在西北地区流行的、为防御而修建的坞壁,以及歌舞娱乐用的陶水榭等,建筑形式上更加复杂多样,规模也更加宏大。

至此,从大量的出土文物中,我们可以总结出汉代建筑技术的大致情形,中国木结构建筑的三大梁架结构体系:抬梁式、穿斗式、干栏式在那时已经全部出现。各种斗拱的广泛使用,成为汉代高层楼阁广泛出现的重要结构支撑,从此以后,斗拱成为了中国木结构建筑的典型特征;再加上与平坐、出檐等的灵活组合,使楼阁建筑形象丰富、生动。

从出土数量众多的陶楼看,汉代的房屋设计已相当成

山东沂南画像石墓上面的斗拱

图片出处:《中国古代物质文化史》,第116页

熟,高层建筑蔚然成风,这与当时人口迅速增长和豪强地主的庄园经济有关。另外,汉代是阴阳五行、神仙方术盛行的时代,匠人们借助对斗拱作用的理解、创新设计和夸张放大,采用亭榭、望楼等高层建筑类型,极富感染力地表达了当时人们追求极致登高、飞升仙界的愿望。毕竟,站得越高才能越有机会与神仙接近和对话嘛!

从平地到高楼,不知道当时的人们站在这"摩天大楼"上,是不是有"手可摘星辰"的感觉,或者他们也是"不敢高声语,恐惊天上人"呢?

洛阳西汉大墓铜壶——铜壶里的秘密

2018年10月初，洛阳市的考古人员发现了一座西汉空心砖大墓，其中出土了一件铜壶，里面装了多半壶液体，这下引起了不小的轰动，这里面究竟装的是什么？

这座墓的发掘说起来还挺曲折。最初，考古人员在快清理完一座汉代空心砖墓时发现，与它相邻的东侧居然还有一座墓，两座墓只有一块空心砖相隔，而且规模更大、形制更特殊，特殊在哪儿呢？一来，它结构相当复杂，有墓道、主墓道、侧室、廊道、耳室、坠室六部分组成，光耳室就有四个，简单说，就是一个屋子套着一个屋子，用曲径通幽或是暗藏玄机来形容都不为过。如今普通住宅的几室几厅在它面前，那简直弱爆了。二来，这两座墓只有一块空心砖相隔，说明建造时是有意相连的；这两座墓葬并不是

考古都挖了点啥

并排建造的, 而是有错位, 说明下葬的时间有早有晚。三
是, 墓中没有出土官印, 但清理完的西侧墓室发现有"耿大
印""耿少翁印"铜印, 那他 / 她肯定也是耿姓家族的人。

结构特殊已经超出了工作人员的认知, 接下来的清理工作更是出人意料，出土随葬品种类丰富且等级之高，超出了人们的想象。它有里外两层棺，棺内陪葬有大量的玉璧、玉圭、玉玦、玉衣片等，说明墓主人应该有玉衣之类的随葬品。在主墓室内还发现了大雁铜灯、铜镜、耳杯等随葬品，在北侧一个耳室里发现了大量的彩绘陶壶、铜盘、铜壶、铜炉、铜钵、铜盆、铜臼等。规格之高，有许多都创下了洛阳汉墓的第一。墓葬出土的铜器很厚重，大雁铜灯在洛阳地区属于首次发现；青铜大盘的直径近 70 厘米，也是属

洛阳西汉大墓俯视图

潘付生提供

一属二。另外，在尸体的头部附近发现了玉温明，形状如倒置的方桶，遮盖在逝者的头部，这在汉代是一种规格非常高的丧葬用具，因为在汉代人眼里，地下世界又冷又黑，有了"温明"遮盖，才能让逝者感到像生前一样的温暖如昼。

根据出土的五铢钱可以判断，墓葬的年代应为汉昭帝到汉宣帝之间。这一切都显示墓主人官秩级别不低，至少应该是千石左右的大官。

一时间，来自国家博物馆、北京大学、陕西省考古研究院、江苏省考古研究所等单位的专家联合对该墓进行了考察。国家博物馆研究员、海昏侯考古发掘专家组组长信立祥说："这个结构，在目前国内已发掘的同时期墓葬中还没见过，仅此一例。"有专家解读说："这两座西汉空心砖墓的墓主人应该是夫妻关系。因为西汉的高等级墓葬，一般夫妻是并穴合葬墓，西边为男性，东边为女性。"所以这两座西汉中晚期墓葬的墓主人应该是夫妻关系。

说了这么多，最重要的还没说呢，原来，在清理东侧墓葬的时候，考古人员清理出了两个外型相同的铜壶，高50、腹部最大直径34厘米，在搬运的时候感觉两个铜壶的重量不一样，重的一个晃动时能听到声音，凭借常识判断，里面可能装着某种液体。这一下现场人们兴奋起来，虽然考古不是猎奇，但人们对于2000多年前的液体还是充满了探索欲，都急不可待地想要打开壶盖看一看。现场甚至有人提出来，尝一尝倒底是啥东西？咱先不说这放了两千多年的液体能不能喝，只说这东西放了两千多年了，那也是

西汉青铜壶里的液体

潘付生提供

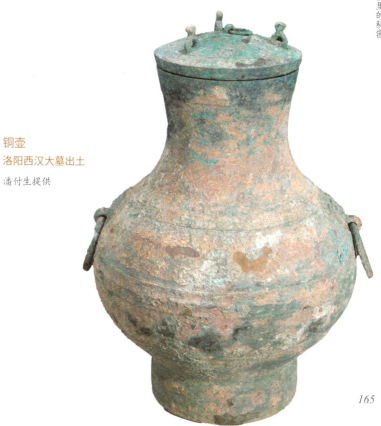

铜壶
洛阳西汉大墓出土

潘付生提供

文物啊，有人开玩笑地说，两千多年的神仙水，一般人哪能随随便便喝呢？一时间引得众人开怀大笑！

在实验室里，当铜壶的盖子打开后，人们首先闻到的是一股混合了各种味道的土腥气，但似乎还有淡淡的清香。很快考古人员把铜壶中的液体倒入了专用的玻璃容器中，随着液体的缓缓流入，人们看到它略呈淡黄色，底部有少许沉淀物。铜壶中的液体虽然经过 2000 多年的挥发，但依然还保存有约 3.5 升。3.5 升啥概念？如果按照 500 毫升装一瓶酒算的话，得装满满 7 瓶酒，按照这个铜壶的体积，再算上 2000 多年挥发掉的，当时这个铜壶要是装满一壶，肯定要超过这个数了。

专用的玻璃瓶很快被封存起来，它需要专业人员的检测。

在等待专业人员检测的过程中，西汉铜壶中发现不明液体的事情，经过媒体的宣传引发了社会各界的热议，大家都争相进入了大讨论和大竞猜。有意思的是，这座墓所在的位置是汉河南县城内的汉墓区，不久前这里曾发掘过 200 多座汉墓，其中一座墓中出土了一件陶壶，在壶腹部外面写了两个大字，其中一个是"酒"字，另一个有人识读是"尊"，据此，有人说了，既然陶壶里可以装美酒，那铜壶里也可以装酒啊。还有人根据液体的颜色，言之凿凿地说，看这淡黄色还带沉淀物，正符合粮食酒的特点。

还有人举出了国内考古发现的铜壶中装酒的例子。比如 20 世纪 70 年代在河北平山县中山国墓中出土青铜壶

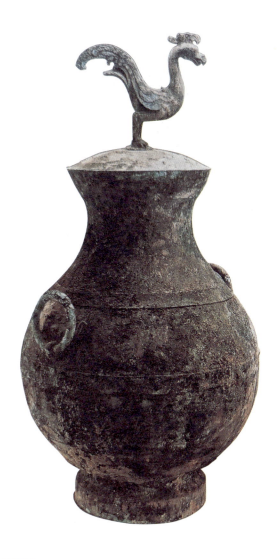

盛酒用的铜钫

西安北郊西汉墓出土

图片出处:《好酒的贵族——西安北郊区西汉墓出土美酒 26 公斤》,《文物天地》
　　2003 年第 8 期, 第 28~29 页

盛酒用的铜锺
西安北郊西汉墓出土

图片出处:《好酒的贵族——西安北郊区西汉墓出土美酒 26 公斤》,《文物天地》
2003 年第 8 期, 第 28~29 页

中的古酒;20 世纪 80 年代河南出土商代青铜容器中的古
酒, 历经 3000 年还未干涸;2003 年西安出土的有西汉时
期的古酒; 重庆市云阳县出土的西汉古酒;2020 年三门峡
出土的鹅首曲颈青铜壶内的液体为西汉早期的酒, 还是可

一

考古都挖了点啥

以止血消炎的药酒。同样都是西汉时期的墓葬所出，这一次洛阳西汉大墓中的说不定也是酒呢？

为确定该青铜壶内这些液体到底是不是"美酒"，考古人员联合北京科技大学科技史与文化遗产研究院合作，对该青铜壶中采集的液体进行了分析检测，这些液体先期经过沉淀后出现了分层，上层为清纯的液体，下层为沉淀物。结果出人意料，经过科学检测，该青铜壶中的液体为矾石水。

初听这个名词，您是不是有点蒙圈？没关系，咱们一点点来解秘。其实矾石水就是将硝石和明矾石混合而制成的水溶液。硝石是制作火药的原料，主要成分为硝酸钾，它还可以做防腐剂，也能作医药用。矾石为矿物明矾石经加工提炼而成的结晶，主要化学成分为十二水合硫酸铝钾。矾石被中医认为是一种中药材，具有较强的收敛作用，也具有解毒杀虫、爆湿止痒、止血止泻、清热消痰的功效。在过去的农村，人们为了让自家储存的水变得清澈不浑浊，常常会把明矾放在水缸里使用。

那么，这么大一壶的矾石水溶液又是做什么用的呢？

经过翻阅大量的古文献，考古人员终于有所发现。原来，在我国现存年代最早的水法专著《三十六水法》中，明确记载了这种矾石水的制作方法："取矾石一斤，无胆而马齿者，纳青竹筒中，薄削筒表。以硝石四两覆荐上下，深固其口，纳华池中，三十日成水。"古人用硝石和矾石制"仙水"的流程大体是这样的：把矾石一斤装入青竹筒中，把竹筒的外表削薄，用硝石四两覆盖在上面，把上下口封牢，再放入一个大池子中，经过 30 天后就变成了水。

那么问题又来了，古人费这么大的劲，制成这种水，是干什么用的呢？

要回答这个问题，还得回到 2000 多年前的汉代，看看当时的流行风尚。原来，上古时期的人们都希望能长生不老，他们通过各种渠道寻找长生不老药。公元前 219 年，秦始皇时期，有个著名的方士叫徐福，他奉秦始皇之命，带着数千童男童女去海上寻找"长生不老药"。但他找了好多年也没有找到，心里害怕，不敢回来。据说他们后来漂泊到了日本。

徐福虽然没有找到长生不老药，但丝毫不影响后世方士们寻找仙药的决心。西汉时期，道家的黄老思想大行其道，升仙思想甚嚣尘上，成为风靡整个社会的神学思潮，长生不老的偏方也是无奇不有。汉武帝对于长生不老药的迷恋比秦始皇有过之而无不及，他曾用重金派人炼制仙药。当时的方士李少君曾经有一套使用金银器可以延年益寿、长生不老的理论，汉武帝对此深信不疑。当时的医书《神农本草经》上就记载过用矾石炼丹，服用可以养生并长生不老的方子："矾石，味酸寒，无毒，主寒热洩痢……炼饵服之，轻身不老。"

看来这青铜壶里面装的就是当时用水法做的仙药啊！好吧，还真的是神仙药！它是我国古代的水法炼丹术，用水法制成的升仙水可以饮服成仙。再后来又有了火法炼丹,就是我们听说过的诸如太上老君的炼丹炉之类的炼丹术。

这么一说,这炼丹的术士可是当时的香饽饽,那这个装了满满一壶"升仙水"的墓主人,会不会就是当时在洛阳地区一个著名的炼丹方士?

这一切还不得而知,但青铜壶里的这些液体,是国内首次确定了的古人用水法制作的"仙药",这一点是确凿无疑的,它是研究古人的升仙思想和升仙途径很宝贵的实物证据。

至此,关于洛阳西汉大墓里面究竟装了什么的讨论算是尘埃落定,但考古工作远没有结束,关于墓主人的研究,关于西汉时期人们生活方式的探寻,从这个大墓,从这个铜壶中的液体才刚刚开始,也许以后它还能告诉我们一些什么东西呢!

悬泉置——中国最早的官方招待所

今天要说的是敦煌汉代悬泉置遗址。

对很多人来说，"悬泉置"这个名字不仅陌生，读起来还有些拗口。"悬泉"指的是距此不远的一条山泉。它从高处流下来，像悬空了一样注入潭水中。"置"是汉代邮驿系统的一个行政单位，跟"亭""邮""驿"类似。根据距离远近和功能的区别，一般五里一邮，十里一亭，三十里一置。"置"就相当于比较远的站点。不过这个悬泉置还改过好几次名字，汉武帝时曾叫"悬泉亭"，昭帝时改为"悬泉置"，东汉叫"悬泉邮"，唐代时又改称"悬泉驿"。这大概也是根据各个朝代它的不同功能改的吧。

古代的"驿站"，在《现代汉语词典》里的解释为："古代供传递政府文书的人中途更换马匹或休息、住宿的地方。"差不多相当于今天的官方招待所。

这个"旁边有一条悬泉的驿站",在汉代文献里没有只言片语。如果不是 1987 年的第二次全国文物普查,它可能就永远躺在唐代的《元和郡县图志》和敦煌遗书里了。

1987 年 8 月,敦煌市博物馆普查队在一片被称为"吊吊水"的无人区里发现了它,当时却没人能说清楚它的身世和过往。

从 1990 年秋到 1992 年冬,甘肃省文物考古研究所

悬泉置遗址

图片出处:《这才是丝绸之路》,第 75 页

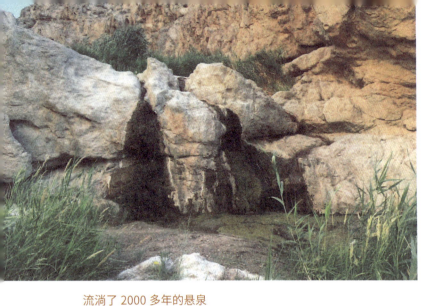

流淌了 2000 多年的悬泉

图片出处:《这才是丝绸之路》，第 77 页

悬泉置遗址墙外的汉代驿路

图片出处:《这才是丝绸之路》，第 78 页

在这里挖掘整理了三年，收获了 7 万件文物，其中有文字的汉简 2.3 万枚。咱们重点说说这有文字的汉简，上面记载的内容从皇帝的诏书律令、使节往来、周边关系，到驿站工作档案、人畜食材消耗情况，全都有详细记录。专家们发现，在有文字的汉简中有大量以"悬泉置"为名的文件，有"悬泉置"各种使用传车、传马及接待过往行人的记载，对照文献记载，最终确定这就是汉武帝在敦煌设郡之后建立的官方驿站，一个西汉行政体系中的边疆基层组织。这个沉睡了 2000 多年的驿站被发现的消息震惊世界，它堪

悬泉置遗址航拍图

图片出处：《中国十年百大考古新发现》，第461页

称丝绸之路和汉代邮驿系统的重大发现, 也从此揭开了汉王朝在丝绸之路东段传递律令、上报军情、接待国宾的秘密……

通过这些文字我们了解到, 悬泉置的全名是"敦煌郡效谷县悬泉置", 它在行政上受敦煌郡和效谷县两级政府领导, 郡府负责监督管理重大事务, 县府则侧重于供给后勤物资。

作为大汉朝的官方招待所, 汉朝时的悬泉置规模究竟有多大? 常驻此地的工作人员又有多少?

根据文物部门用砖块拼接的线条, 可以看到悬泉置遗址的大体布局。它是由边长 50 米的高大院墙、马厩、房屋及附属建筑构成的方形院落, 门朝东, 总面积 2500 平方米, 东北与西南两角各设防御用的角楼一座。院内有大小不等的 27 个房间, 是工作人员办公和招待来客住宿的, 院旁有马厩、库房和厨房。这样的一个院落, 常驻人员 37 名, 包括官吏、驻军、办事员和发配此地的刑徒等。这里养的马有 40 匹, 专用于传递文件的车 10~15 乘, 牛车 5 辆, 库房存粮大约 7100 石, 一次可接待 500 人左右。

不过, 这些人员配备, 是为汉朝和西域各国的公务人员服务的, 作为朝廷设在河西走廊的官方驿站, 它是汉王朝综合国力的缩影。一般的商旅要想进来打尖儿或住店, 那是拿钱也办不到的。

那么, 当年悬泉置都接待过哪些使团和重要人物呢?

最有名的是于阗国王, 他带着一支 1074 人的队伍, 赶

悬泉置检（复制）

图片出处：《丝绸之路：大西北遗珍》，第43页

肩水金关检（复制）

图片出处：《丝绸之路：大西北遗珍》，第42页

着成群的牛羊骆驼，到悬泉置歇脚。如此声势浩大的队伍，超出了悬泉置的接待能力，可忙坏了这里的工作人员，连吃喝用具都要紧急从郡县调度。就算所有人上阵，平均每个人都要负责30个人的生活起居。一时间，杀鸡的、洗菜的、舂米的、烹饪的、清点人数安排住宿的、赶着牛羊骆驼寄住的……忙成一团。接待期间，仅用坏的餐具就有300多件。于阗国这次组团旅游，有点儿蹭吃蹭喝的味道。

还有楼兰国王，汉简上说："楼兰王以下二百六十人当东，传车马皆当柱敦。"说的是楼兰国王带领260人的使团到汉朝进贡，路过悬泉置，到了这儿，人马都给安排得妥妥的，传马都拉到"专用停车场"，栓在柱墩上了。

这么说吧，《汉书·西域传》上记载的鄯善（楼兰）、精绝、于阗、康居、莎车、疏勒、龟兹、且末等等西域诸国国王或使团，都曾经在此停驻过。

说到迎来送往，史上鼎鼎大名的乌孙公主也曾是悬泉置的贵宾。

根据汉简记载，甘露二年(前52年)二月，平望驿有

汉代康居王使者册
甘肃敦煌悬泉置遗址出土
甘肃简牍博物馆藏

悬泉置出土西晋纸
图片出处：《中国十年百大考古新发现》，
第464页

印章封泥封检
图片出处：《中国十年百大考古新发现》，第464页

考古都挖了点啥

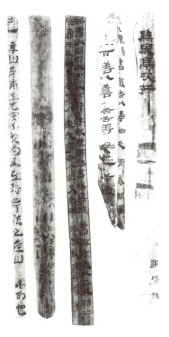

悬泉置出土简牍

图片出处:《中国十年百大考古新发现》,第 463 页

悬泉置出土毛笔

图片出处:《中国十年百大考古新发现》,第 462 页

一个叫当富的驿骑,把汉朝驻乌孙的官员常惠和乌孙公主的上书密信,传给了悬泉驿的驿骑朱定,这里的乌孙公主,正是楚王刘戊的孙女解忧公主。当时为了拉拢乌孙对抗匈奴,她奉朝廷之命外嫁到乌孙。一段时间以来,乌孙王倒向了匈奴。解忧公主将这危急情势上报汉廷。后来在汉宣帝的支持下,乌孙国局势终于平稳。一年后,解忧公主再次上

长途跋涉的骆驼

书,表示希望回到家乡。这封被送到了悬泉驿的密信,于二月十二日傍晚,经骑手朱定,传至了万年驿。

　　第二年,也就是甘露三年九月,解忧公主带着亲信,经过敦煌。悬泉置的官员在地上铺满了贵重的毯子,几公里外,接待者就分列两边守候。终于踏上了阔别已久的故土,解忧公主百感交集……这么细致动人的桥段在史书中却是一片空白。两千年后的今天,我们有幸能够想见这如此温情的时刻,也多亏了悬泉置汉简上的文字。

　　除了汉简,悬泉置遗址最值得一提的是发现了10件

悬泉置出土皮鞋

图片出处:《中国十年百大考古新发现》, 第 462 页

悬泉置出土漆筷木匕

图片出处:《中国十年百大考古新发现》, 第 462 页

写有文字的残纸, 其中有 3 件是西汉武、昭帝时期, 它们是全世界最早的带有文字的纸, 比东汉蔡伦改造的纸早了一个世纪, 将中国书写用纸的历史大大提前。有意思的是, 这三件纸张的正面分别用隶书写着"付子""薰力""细辛"的字样, 专家根据纸张形状和折叠痕迹判断, 竟然是用来包裹药材的, 我说悬泉置的人们, 竟然拿这些世界之最不当回事啊!

从悬泉置汉简的文字我们了解到在从长安到敦煌的 1700 多公里的路上, 散落着 80 余座驿站, 相当于每二三十公里就有一个免费食宿的地方。长路漫漫, 每当西域使团人困马乏, 前方就有他们期待已久的停泊之处, 吃喝住, 所有需求一应俱全, 无需抵达京师长安, 大汉的天威和国力就已深入西域人心。

从汉武帝时设置，到汉安帝后废弃，悬泉置在汉代共存续了 200 多年。自从被发现以来，它被评为1991年全国十大考古发现之一和"八五"期间全国十大考古发现之一。2014 年，悬泉置作为中国、哈萨克斯坦和吉尔吉斯斯坦三国联合申遗的"丝绸之路：长安—天山廊道的路网"中的一处遗址点被列入世界文化遗产名录。

　　它历经过辉煌，也独守过落寞，属于它的时代过去了。但历史宛若有回音，2000 多年后，它还是出现在了世人面前，供人观赏，任人评说。

汉代那些带翅膀的小天使

今天咱们聊聊汉代那些带翅膀的小天使。

带翅膀的小天使？那不是丘比特吗？是的，罗马神话中有一个手拿弓箭、光着身子的小男孩，他有一对闪闪发光的金色翅膀，他带着弓箭漫游，他射出的神箭能够唤起爱的激情。这位可爱而又淘气的小精灵就是丘比特。

那它跟咱们的考古发现有关系吗？有啊，因为我们也挖出过这种带翅膀的小天使，而且是汉代的，还不止一件呢！

这好像有点意思哈，听我给您慢慢说道说道。

1955 年，陕西省文物管理委员会在西安市东郊十里铺清理了一座东汉墓。墓中出土了一具小孩的骨架，在小孩的头骨下发现了一个小铜人，高度只有 3.2 厘米。这个

米兰遗址佛寺遗址东北面

图片出处:《西域考古图记》

铜翼人像
汉，高2厘米
陕西西安红庙坡出土

图片出处：《丝绸之路：大西北遗珍》，图30

　　小铜人最引人注目的地方是它带着两个翅膀，脖子上带着珠圈，微曲小腿，双手合于胸前，背上有一个可以穿挂的小孔。这个小铜人制作得很精致，姿态生动自然，很有生气。当时，人们并没有在意这个小东西，本来嘛，一个小孩儿墓，出了一个3厘米高的小玩意儿，按照出土的位置看，可能就是个小孩子佩戴的饰品吧。

　　后来，考古人员又陆续在三峡库区的重庆市云阳旧县坪遗址、襄阳市的东汉末三国时期的墓葬中以及洛阳汉魏故城太学遗址中，还有甘肃酒泉的沙漠戈壁，新疆的龟兹、楼兰等地都发现有这类东西，它们的造型相似，有的背后还刻有篆书文字。铜人的年代在汉晋之间，即2~5世纪。陆续出土的有十余件，大部分都出在儿童墓中。

汉代小铜人
楼兰古城采集
图片出处：《新疆文物古迹大观》，第27页

这下子，可就引起考古人员的注意了，为什么呢？因为人们发现，铜人的这些发现地点如果连起来的话，大都是古代丝绸之路沿线的由西往东分布的东西文化交流重镇，这难道是偶然的吗？

按照这个线索，人们一下子就把它跟1906年12月英国探险家斯坦因在我国新疆若羌的米兰古城进行的考察和发掘联系在了一起。斯坦因曾经在这里的一座佛塔墙壁上发现了一批带双翅的半身人物画像，他把其中7幅较完整的画像带到了英

双翼小铜人
高约5厘米
汉魏故城内城出土

国伦敦大英博物馆。1911年1月，日本大谷探险队第三次到新疆探险，在米兰遗址也看到了这些，他们把斯坦因当年没带走的一块较破碎的画像带到了日本。

米兰壁画的成画年代在公元2~3世纪，这个时期是中原的东汉时期。当时的米兰古城是"古西域三十六国"之一的楼兰国的大都会，也是中西文明交流的中心。佛教传到米兰后，当地兴建了几座大型佛寺，佛教成为当地居民的信仰，并经这里传到了内地。后来的著名高僧法显和玄奘也都曾在米兰驻留，学习佛法。玄奘在米兰的生活更是被融入了神话。

按照斯坦因的说法，这就是佛教中的神，但它的来源是古希腊神话中的爱神厄罗斯。这么说的根据是，当时西域地区流行的佛教，是受犍陀罗佛教艺术的影响，其中带有不少古希腊、罗马美术的造型风格。他的这种说法其实有一定的道理，这也跟米兰壁画发现在佛塔里面是相符

有翼天使壁画
米兰古城遗址出土
大英博物馆收藏

图片出处：《西域考古图记》第五卷，第40页

有翼天使壁画
米兰古城遗址出土
大英博物馆收藏

图片出处:《西域考古图记》第五卷,第 41 页

有翼天使壁画
米兰古城遗址出土
大英博物馆收藏

图片出处:《西域考古图记》第五卷,第 40 页

的。但中国的学者认为它们已经不是西方天使,而是代表着佛教八部护法中擅长音乐与歌舞的乾闼婆与紧那罗神,它们的原型来源于希腊、罗马艺术中的天使形象。不管怎么说,看来,带翅膀的形象来源于古希腊、罗马艺术,而且都与佛教有关这是不争的事实。

咱们再看这些小铜人,年代跟这些壁画差不多,分布的路线也跟佛教传入中国的时空相吻合,而且多数童子都带有翅膀,额头中央凹陷,似表示佛教的白毫,大多颈部都有串珠,多数呈双手合于胸前状,这些都可能

一

考古都挖了点啥

有翼天使壁画
米兰古城遗址出土
大英博物馆收藏

图片出处:《西域考古图记》第五卷,第 45 页

与早期佛教存在某种关系。但有些小铜人背后还刻有字,又怎么解释呢?经过一些专家的考证,确认写的是"戊子大吉"。哈哈!这四个字怎么一下子让人想到了东汉时期的农民起义啊,他们当时的口号不就是"苍天已死,黄天当立,岁在甲子,天下大吉"吗?对了,还有汉代青铜镜上的铭文,大多数不都是类似这样的"××大吉"吗?

但这个"戊子大吉"背后还是大有玄机的。我们知道,"戊"与"子"分别是十天干和十二地支之一,两者组合成为了干支纪元法之一,可以用来纪年、纪月、纪日、纪时。"戊子大吉"四字组合在一起,应该是一种祝福语,有驱鬼、辟邪、吉祥的意思。在中国古代的干支纪年中,六十年为一

羽人瓦当
青海民和县川品水泥厂出土

图片出处:《丝绸之路:大西北遗珍》
图117

羽人瓦当
陕西西安市大唐东市遗址出土
中国社会科学院考古研究所藏

循环,以甲子为首,也就是我们所说的六十年一甲子。根据《汉书·王莽传》的记载,王莽建立政权以后,自以为属土德,而戊子属土,所以他就把戊子改为首。这个时期男子成年行冠礼的时候,就把戊子日当作吉日。儿童佩戴的铜人上铸有"戊子大吉"的铭文,显然就是这样一个成人礼的吉语或祝福语。

这么一讲,这个小铜人是不是很有意思了?它的翅膀取自当时流行的佛教造型,背后刻的又是中国传统的干支吉语,咱们是不是可以这样说,佛教这个流行元素被中原人给加工改造了呢?还真是这样的,按照专家的话说,这个铜人具有多重宗教的属性。"戊子大吉"隐含的"冠礼"具有明显的儒家印记。铜人带翅膀，还有额头的白毫、双手合十、联珠纹项圈等都是佛教的因素，当然你也可以理解为跟咱们传统神仙信仰中的仙人或者羽人有关。这"佛道糅合"结合得如此完美，就问您服不服?!

到这里，我们是不是可以这样想像一下：东汉时期，一个富贵人家的小孩儿不幸夭折，家中的成年人痛苦不堪，除了给他最好的安葬之外，大人们还希望他的亡灵能够平安，想到了时下流行的佛教，希望不管是哪里的仙人，都能够带他早日升仙。于是有人专门用青铜制作了带翅膀的小铜人，有的还专门在背后刻上了已经流行很久并成为惯例的吉语"戊子大吉"。在大人们看来，这不仅是贵重的礼物，更重要的它是美好心愿的寄托。家人们郑重地将它佩带在亡童的脖子上，他们希望一切都能够成真。

当然，这一切也只是一个现代人对当时情景的猜想。从东汉到西晋，一个带有佛教色彩的小铜人被加入了儒家和道家的传统印记，从而成为一个具有祝福性质的儿童随葬品，也给我们留下了许多解不开的谜。这个带翅膀的小天使倒底是爱神还是音乐神？它们又是谁制造的？是不是还有其他的寓意在里面？虽然目前我们还无法完全破解，但我们可以知道的是，一个小小的不起眼的东西，它的背后可能就是一段历史，一段有感情的故事。

一直到了唐代，带翅膀的小人作为装饰图案，还会零星地出现在瓦当上面，但这个时期跟汉晋时期的小铜人已经不是一种概念了。

一

汉代四川人形象——"巴适得很"

　　要说当今哪里人活得比较惬意，那四川人肯定得排在前面！为什么这么说呢？你就听听他们挂在嘴头上的那句名言，一句"巴适得很"透露出的是闲适安逸，也是乐观自得。其实，人家四川人自古就是乐天派，不信咱就去看看汉代四川出土的那些面带笑容、笑得裂开嘴的陶俑吧。

　　先看看这尊郫县出土的说唱俑，他的脸上展露出"天底下最舒心的笑"。他头上的发髻绾成锥状，脸上的表情简直就是"炸裂"了：你看这眼睛都笑弯了，嘴也笑歪了，头也笑偏了，连如簧的巧舌也笑得向上吐卷着……这副模样既像是对观众做的鬼脸，又像是真的被自己的说唱逗乐了。这还不算，那动作也极其滑稽可笑：脖子前倾，双肩后耸，裸露着大肚皮。只见他右手握着一根细棍，左手捏着一

考古都挖了点啥

192

东汉说唱俑
四川郫县出土
图片出处：《冯贺军谈古代陶俑》彩图 4

只小鼓，两只长长的手臂准备随时将鼓儿咚咚敲响。不知道是不是怕挂在腰上那松松夸夸的裤子滑下来，只见他双腿弯曲，屁股往上翘得快成弯弓了，那夸张的姿势简直能让现场的观众笑死过去啊！

　　还有这件彩绘陶击鼓说唱俑，是 1957 年成都市天回山东汉墓出土的，现藏中国国家博物馆。只见他坐在一个圆形台座上，左臂下挟着一个圆形扁鼓，右手拿着鼓槌向前伸着，一条腿抬着高高的。满脸笑得五官都堆在一起了，

彩绘说唱俑
成都博物馆藏

图片出处：商春芳拍摄

东汉说唱俑
成都博物馆藏

图片出处：商春芳拍摄

额头上堆满了抬头纹。这夸张的动作，诙谐的神态，活脱脱一个正在兴头上的说唱者。

还有新都博物馆的镇馆之宝，这个体态矮胖的说唱艺人，面部刻画得十分传神，额前有几道深深的皱纹，与头上簪花、眯眼嬉笑的形象形成强烈的反差，这个"萌大叔"还真有点可爱呢！还有绵阳出土的说唱俑，那大肚子上凹陷的肚脐眼，都看得清清楚楚。

四川先后出土了11个汉代说唱俑，从数量上来说是全国最多的。而且造型都别具特色，神态各异，妙趣横生，它们记载了汉代四川的民风民情。这些说唱俑在汉代有一个专门的名字叫"俳优"。文献记载，汉代的皇室贵族、豪富大吏流行蓄养俳优，他们大多是一

汉代说唱俑
成都博物馆藏
图片出处：商春芳拍摄

汉代劳动俑
成都博物馆藏
图片出处：商春芳拍摄

些身材矮小、其貌不扬的丑角，或者是身体有些缺陷，甚至大部分人是侏儒。他们的唯一目的就是要给这些王公贵族解闷，使出浑身解术就为了逗人一笑。上面既然有这爱好，民间就会蔚然成风。从四川出土的说唱俑的数量就可以证明当时蜀地的说唱表演颇为流行。当然，这也跟汉代乐舞流行的社会风气有关。

咱们也看出来了，这些俳优的地位都很低下，虽然如此，但川人乐观向上、生活富足、文化底蕴深厚，从这些小小的说唱俑上还是能窥见一斑的。且不说别的，只说这种俳优俑雕刻得多传神呢，看起来做工朴拙无华，却能抓住诙谐幽默、乐观向上的表情，工匠技术之高令人叫绝，他们用现实主义和浪漫主义相结合的创作手法，将精湛的技巧和古朴的匠心融于一俑，把说唱人刻画得惟妙惟肖、栩栩如生。也许那些工匠本身就是这样性格的人也说不定呢！

也有专业人士认为，这些惟妙惟肖的说唱俑，记录了两千年前四川说唱艺人的形象。它们不仅是炉火纯青的汉代陶俑塑造艺术的代表，从某种程度而言，也是如今的谐剧、金钱板、散打等四川曲艺的鼻祖。

说到这儿，我不禁想起若干年前风靡全国的一部川剧《抓壮丁》，剧中"王保长"那风趣幽默的川音道白，让我至今记忆犹新。还有如今茶馆里那些唱念坐打功夫了得的说书人，在他们身上还真的都有汉代说唱艺人的影子。

汉代，全国各地都出土

汉代人物俑
成都博物馆藏

图片出处：商春芳拍摄

汉代说唱俑
成都博物馆藏

图片出处：商春芳拍摄

汉代抚琴俑
成都博物馆藏
图片出处:商春芳拍摄

汉代吹箫俑
成都博物馆藏
图片出处:商春芳拍摄

汉代劳作俑
成都博物馆藏
图片出处:商春芳拍摄

汉代劳作俑
成都博物馆藏
图片出处:商春芳拍摄

汉代彩绘弹琵琶俑
成都博物馆藏

图片出处：商春芳拍摄

汉代彩绘说唱俑
成都博物馆藏

图片出处：商春芳拍摄

了许多各式各样的陶俑，但唯有四川陶俑是独树一帜的，与中原地区正襟危坐的表情不同，他们除了具有浓厚的生活气息外，最大的特点就是几乎无俑不笑，一个个面带微笑或是开怀大笑，眉目舒展。那一个个面目普通的哺乳俑、执锸俑、庖厨俑，他们都是最底层的劳动者，却都是欢喜的笑脸，几乎没有怒目而视或痛苦的表情，瞬间将人带进那个生活富足、安居乐业的汉代天府之国。

汉代人"事死如事生"，陪葬品里的陶井、陶田、陶鸡、陶猪，是为了让墓主人死后衣食无忧；陪葬品里有说唱俑、抚琴俑、歌舞俑，是家人希望墓主人到了另一个世界，仍然能欣赏到说唱百戏表演。这些汉代陶俑仿佛就是凝固了的汉代生

东汉舞蹈俑
洛阳出土

图片出处:《洛阳出土文物集粹》,第 69 页

活,透过种类繁多的四川汉代欢乐陶俑,我们能拼接出一个立体的汉代四川市井生活场景:庖厨俑面前的案板上摆着鸡、鸭、鱼、鳖、羊头等食材,甚至还装着一个饺子;执锸俑手里拿着农具,腰里别了一把刀,莫不是佃户和家丁的双重身份?陶狗身上还穿戴着装饰品,是不是意味着汉代四川人有钱有闲,养起了宠物狗?

不过,历史总是这样,它只能存在于我们的脑海中,我们能够尽情想像汉代说唱艺人的热闹场面,却无法触摸到他真实的样子。但文物却能给人带来灵感,来自四川省歌

现代茶馆里的说书艺人

图片出处:《如果国宝会说话》第二季,第 260 页

舞剧院的舞蹈编导王颖杰,曾以这些说唱俑文物为原型,创作了独舞舞蹈《说书俑》,并带领群舞舞蹈《说书俑》登上中央电视台 2019 春节戏曲晚会成都分会场的舞台,为观众带来了充满欢乐气氛和市井气息的表演,让人印象深刻。

今天,当我们在博物馆中再看到这些充满笑容的汉代陶俑,捕捉他们笑容背后的所思所想,仿佛一下子读懂他们的内心世界,原来,不管身处什么样的境地,这些开怀的笑容就是四川人欢乐生活的动力和源泉,从古至今,他们都"巴适得很"!

参考书目

◎ 中国文物报社、中国考古学会编：《中国百年百大考古发现》，文物出版社，2023 年。

◎ 考古杂志社编：《新世纪中国考古新发现》，社会科学文献出版社，2022 年。

◎ 李文儒编：《中国十年百大考古新发现》，文物出版社，2002 年。

◎ 国家文物局编：《2021 中国重要考古发现》，文物出版社，2022 年。

◎ 仝涛：《青藏高原丝绸之路的考古学研究》，文物出版社，2021 年。

◎ 河南省考古所编：《舞阳贾湖》，科学出版社，1999 年。

◎ 甘肃省博物馆编，俄军主编：《甘肃省博物馆文物精品图集》，三秦出版社，2006 年。

◎ 新疆维吾尔自治区文物事业管理局等主编：《新疆文物古迹大观》，新疆美术摄影出版社，1999 年。

◎ 〔英〕吴芳思著，赵学工译：《丝绸之路2000 年》，山东书画出版社，2008 年。

◎ 王仁湘：《半窗意象：图像与考古研究自选集》，文物出版社，2016年。

◎ 湖南省博物馆编：《长沙马王堆汉墓陈列》，中华书局，2017年。

◎ 许宏等：《考古中国：15位考古学家说上下五千年》，中信出版集团，2021年。

◎ 成都市文物考古研究所、北京大学考古文博院：《金沙淘珍——成都市金沙村遗址出土文物》，文物出版社，2002年。

◎ 侯杨方著：《这才是丝绸之路》，中信出版集团，2022年。

◎ 《丝绸之路：大西北遗珍》编辑委员会编：《丝绸之路：大西北遗珍》，文物出版社，2010年。

◎ 中国历史博物馆遥感与航空摄影考古中心、内蒙古自治区文物考古研究所编：《内蒙古东南部航空摄影考古报告》，科学出版社，2002年。

◎ 《如果国宝会说话》节目组编著：《如果国宝会说话》第一季，五洲传播出版社，2019年。

◎ 《如果国宝会说话》节目组编著：《如果国宝会说话》第二季，五洲传播出版社，2022年。

◎ 吕章申主编：《中国国家博物馆展品中的100个故事》，文物出版社，2012年。

◎ 刘尊志主编：《中国考古大发现》，齐鲁书社，2019年。

◎ 中国社会科学院考古研究所编著：《中国考古学秦汉卷》，中国社会科学出版社，2010年。

考古都挖了点啥

◎ 洛阳市文物管理局编：《古都洛阳》，朝华出版社，1999 年。

◎ 杨泓：《重现中国考古一百年》，北京联合出版公司，2021 年。

◎ 王绣、霍宏伟：《洛阳两汉彩画》，文物出版社，2015 年。

◎ 中国农业博物馆编，夏亨廉、林正同主编：《汉代农业画像砖石》，中国农业出版社，1996 年 5 月。

◎ 〔英〕魏泓著，王东译：《十件古物中的丝路文明史》，民主与建设出版社，2021 年。

◎ 刘婕、李小旋、邵菁菁：《中国古代物质文化史·绘画·墓室壁画(汉)》，开明出版社，2017 年。

◎ 郑岩：《年方六千：文物的故事》，中信出版集团，2019 年。

◎ 李清泉：《由图入史——李清泉自选集》，中西书局，2019 年。

◎ 〔英〕奥雷尔·斯坦因著，中国社会科学院考古研究所主持翻译：《西域考古图记》，广西师范大学出版社，2019 年。

◎ 洛阳市文物工作队编：《洛阳出土文物集粹》，朝华出版社，1990 年。

◎ 冯贺军编：《冯贺军谈古代陶俑》，吉林科学技术出版社，1998 年。

◎ 葛承雍：《绿眼紫髯胡：胡俑卷》，生活·读书·新知三联书店，2020 年。

简报及论文

◎ 周旸：《从养蚕和复原织机做起》,《中国文化遗产》2011 年 3 期。

◎ 张松林、高汉玉：《荥阳青台遗址出土丝麻织品观察与研究》,《中原文物》1999 年 3 期。

◎ 王辉：《发现西戎——甘肃张家川马家塬墓地》,《中国文化遗产》2007 年 6 期。

◎ 赵春青：《仰韶地图：仰韶和她的时代》,《中国文化遗产》2012 年 6 期。

◎ 王佳静、刘莉、刘慧芳：《半坡和姜寨出土仰韶文化早期尖底瓶的酿酒功能》,《考古与文物》2021 年 2 期。

◎ 裴学松、袁媛：《仰韶文化尖底瓶的功能》,《大众考古》2018 年 10 期。

◎ 刘莉、李永强、侯建星：《渑池丁村遗址仰韶文化的曲酒和谷芽酒》,《中原文物》2021 年第 5 期。

◎ 田建文：《仰韶的源流》,《中国文化遗产》2012 年 6 期。

◎ 李天祐：《绚丽多彩的云南东川古铜文化》,《中国文化遗产》2008 年 2 期。

◎ 洛阳博物馆：《洛阳北魏杨机墓出土文物》,《文物》2007 年第 11 期。

◎ 俞敏敏、刘剑、刘婷婷等：《中国蚕桑丝织技艺的未来》,《中国文化遗产》2011 年 3 期。

◎ 段清波、张琦：《中国古代凌阴的发现与研究》《文博》

考古都挖了点啥

2019 年第 1 期。

◎ 冯承泽、杨鸿勋：《洛阳汉魏故城圆形建筑遗址初探》，《考古》1990 年 3 期。

◎ 孙福喜、杨军凯、孙武：《好酒的贵族——西安北郊区西汉墓出土美酒 26 公斤》，《文物天地》2003 年第 8 期。

附录

后记

　　《考古都挖了点儿啥》从策划到成书，历经两年有余。期间先有河南美术出版社曹铁先生出谋划策，后经隋唐史学会王恺会长、安锋书记等人的多次讨论，提出了非常宝贵的意见和建议。在洛阳师范学院文学院王建国院长、零零后传媒王鹏杰先生的通力合作下，终于完成了。

　　期间还得到了洛阳市图书馆副馆长张炜先生、工作人员杨哲先生、洛阳市考古院李国徽先生以及河南隋唐时代文化发展有限公司对图片资料的收集整理的大力协助，中国国家博物馆霍宏伟先生、洛阳市职业技术学院潘付生先生提供了部分照片，郑州嵩山文明研究院的刘富良先生对本书提出了中肯的意见和建议，在此一并表示衷心的谢忱！

作者

2023 年 11 月于洛阳